WIE UNS REISEN GLÜCKLICH MACHT

JULIA LASSNER

AUTORIN VON *globusliebe*

WIE UNS REISEN GLÜCKLICH MACHT

VOM AUFBRECHEN, LOSLASSEN UND ANKOMMEN

HERDER

FREIBURG · BASEL · WIEN

© Verlag Herder GmbH, Freiburg im Breisgau 2019
Alle Rechte vorbehalten
www.herder.de

Projektleitung: Fitore Brahimi & Carolin Schmeh
Lektorat: Sophie Raff, www.lektorat-raff.de
Umschlag, Layout: FAVORITBUERO, München
Coverbild: Patrick Endres
Bilder Innen: Julia Lassner, Patrick Endres, Jana Zieseniß,
S. 52: Emanuel Jöbstl, S. 130: Hannah Neuhuber
Satz: Arnold & Domnick, Leipzig

Herstellung: Graspo CZ a.s., Zlín
Gedruckt auf umweltfreundlichem, chlorfrei gebleichtem Papier
Printed in the Czech Republic

ISBN: 978-3-451-03176-2

FÜR MEINE MAMA.
DANKE, DASS DU MIR WURZELN UND
FLÜGEL GESCHENKT HAST.

INHALTSVERZEICHNIS

PROLOG

»Es ist so schrecklich, dass ich nicht weiß, wie ich es dir sagen soll.« Als ich die E-Mail meiner Mama mit dieser Betreffzeile in meinem Posteingang entdecke, wird mir schlagartig schlecht. Ich werde kreidebleich. Während ich die ersten Sätze lese, beginnen meine Hände zu zittern. Tränen schießen in meine Augen. Ich will schreien!

Du bist tot.

Nein, das darf nicht wahr sein! Das geht nicht! Ich glaube kein Wort von dem, was ich da lese. Reglos starre ich auf den Bildschirm, reibe mir die Augen, lese die E-Mail wieder und wieder. Ich klicke sie weg, stehe auf, setze mich wieder hin und rufe sie erneut auf, um zu überprüfen, ob es sie wirklich gibt.

Meine Kehle schnürt sich zu. Ich schnappe nach Luft, kann kaum atmen und spüre, wie heiße Tränen über meine kalten Wangen laufen. Mein Herz zerspringt in tausend Teile.

Ich verlasse das Büro und bewege mich wie ein ferngesteuerter Zombie über das Schiff. Die Welt um mich herum blende ich völlig aus. Menschen, die mir in den engen Gängen begegnen, nehme ich nur verschwommen wahr. Ich fühle, wie sie mich besorgt anstarren, doch ihre Stimmen klingen dumpf, als wären sie in weiter Ferne.

Mit einem lauten Rums lasse ich die Tür meiner Kabine hinter mir ins Schloss fallen. Ich betrachte mein Spiegelbild, schaue in meine eigenen Augen und sehe deine. Ich blicke durch mich hindurch und heule.

Du bist tot. Warum? Ich begreife es nicht.

Warum bist du gegangen? Du warst viel zu jung. Du hattest dein Leben noch vor dir!

Es gibt so viele offene Fragen, ungeklärte Gespräche, so viele Dinge, die ich dir noch sagen wollte, so viele unausgesprochene Worte, die nun für immer ungesagt bleiben.

Verdammt nochmal, vor sieben Wochen lagen wir uns in den Armen, redeten über vergangene Tage, über den alltäglichen Wahnsinn und tranken auf die Zukunft. Fast so wie früher.

Zwei, drei, vielleicht auch vier Stunden sitze ich auf dem kalten Fußboden meiner winzigen Kabine. Die Arme um meine Beine geschlungen starre ich ins Leere. Ich zittere am ganzen Körper. Es tut so unendlich weh.

Ich fühle mich alleine, eingeschlossen auf dem Schiff, irgendwo in Asien, mitten auf dem Meer. Ohnmacht und Hilflosigkeit machen sich breit. Was um Himmels willen soll ich jetzt tun? Meinen Job kündigen, den Einsatz abbrechen, das Schiff verlassen und nach Hause fliegen? Nächste Woche findet deine Beerdigung statt. Will ich, soll ich, muss ich da dabei sein?

Ich hasse Friedhöfe. Ich hasse Kirchen. Ich glaube nicht an Gott und überhaupt sträubt sich jede meiner Zellen dagegen, bei der Beerdigung dabei zu sein. Egal was ich tue, es macht doch alles keinen Sinn mehr. Was bringt es, jetzt alles hinzuschmeißen und nach Deutschland zu fliegen, wo dein toter Körper in der Leichenhalle liegt? Deine Seele hat die menschliche Hülle längst verlassen. Du bist weg!

Aber einfach so tun, als wäre nichts, und weitermachen wie bisher? Das kann ich auch nicht. Ich habe Angst. Was erwarten die anderen von mir? Was erwartest du? Was soll ich bloß tun? Ich möchte davonlaufen, doch auch das ist keine Lösung. Das Leben geht schließlich weiter.

Tagelang zerbreche ich mir den Kopf darüber, was ich machen soll, bis ich eine Entscheidung treffe. Ich bleibe. Ich arbeite weiter und fliege nach Ablauf meiner Dienstzeit auf dem Schiff nicht nach Hause, sondern wie geplant nach Sri Lanka.

Ich rechne fest damit, dass mir meine Entscheidung zum Vorwurf gemacht wird. »Warum brichst du nicht ab und nimmst den nächsten Flieger nach Hause? Du kannst doch jetzt nicht munter weiterreisen«, stichelt meine innere Stimme. Doch mein Herz sagt etwas anderes. Es zieht mich nach Sri Lanka, dem Land, in dem ich am ehesten einen Zugang zu dir finde und in aller Stille Abschied nehmen kann.

Ende Dezember fliege ich nach Sri Lanka.

Am Silvesterabend stehe ich am Strand von Hikkaduwa, blicke auf das dunkle Meer und beobachte die fröhlich feiernde Menschenmenge.

Mit einem lachenden und einem weinenden Auge geht das Jahr zu Ende. Du erlebst es nicht mehr. Dabei hattest du noch so viele Pläne, Träume und Wünsche.

Erst zwei Wochen vor deinem Tod hast du deine Reise nach Indien gebucht, um dir endlich einen langersehnten Herzenswunsch zu erfüllen. Jahrelang hast du mir von deinen Träumen erzählt, die immer wieder wie Seifenblasen zerplatzten und nun endlich Wirklichkeit werden sollten.

Dein Flugticket nach Goa liegt jetzt zu Hause. »Flug gebucht«, war die letzte Nachricht, die du mir bei Facebook geschickt hast, »wir treffen uns in Indien!« Zehn Tage später warst du tot. Verfluchte Scheiße! Was soll das?

Am Tag deiner Beerdigung besteige ich den Adam's Peak. Dort oben auf dem heiligen Gipfel will ich Abschied von dir nehmen. Schon beim Aufstieg denke ich ununterbrochen an dich. Bunte Gebetsfahnen, Schreine mit Buddha-Figuren und Opfergaben säumen den Wegesrand. In Deutschland stehen jetzt alle um deine Urne herum, werfen Rosen in dein Grab und liegen sich trauernd in den Armen. Vielleicht erzählen sie sich Geschichten, die sie mit dir verbinden, reden über Momente, die sie mit dir erleben durften und sprechen darüber, welch ein toller Mensch du gewesen bist.

Ich bin nicht dabei, stehe nicht auf dem Friedhof und habe keine Rose in der Hand. Stattdessen kämpfe ich mich den steilen Berg hinauf. Bei jeder der 5.000 steinernen Stufen, die von heftigen Monsunregenfällen in der Vergangenheit bereits ausgewaschen sind, habe ich das Gefühl, dass du anwesend bist.

Während des Sonnenaufgangs auf dem Gipfel des Adam's Peak wird es plötzlich still um mich herum. Die ersten Sonnenstrahlen durchbrechen die Wolkendecke und der schwarze Nachthimmel verwandelt sich in ein Kunstwerk aus pink- und lilafarbenen Schlieren. Ich bin den Tränen nahe, habe einen fetten Kloß im Hals, möchte Abschied nehmen und loslassen, doch ich kann nicht. Ich schaffe es einfach nicht.

Später, beim Abstieg, kullern heiße Tränen über mein Gesicht und ich beschließe, das mit dem Abschied sein zu lassen. Warum soll ich Abschied nehmen? Du bist allgegenwärtig und wirst es immer bleiben.

Du bist da. Bei jedem Rauschen der Wellen, bei jedem Windstoß, bei jedem Sonnenstrahl.

Was ich aus deinem Tod lerne? Eine ganze Menge.

Mir wird wieder bewusst, wie endlich unser aller Leben doch ist, wie schnell alles vorbei sein kann und dass jeder Mensch auf dieser Welt jeden einzelnen Tag so leben sollte, wie er es gerne möchte.

Dein Tod bestärkt mich darin, meinen Lebensstil genauso fortzuführen, wie ich es gerade tue. Er bestärkt mich, weiterhin meinem Herzen zu folgen. Wer weiß schon, wie lange ich noch zu leben habe? Wer weiß, wie oft ich noch morgens aufwache, atme, gesund bin, glücklich sein und reisen kann? Niemand! Und genau aus diesem Grund werde ich jeden verdammten Tag so leben, wie ich es für richtig halte.

Ich werde mir die Welt anschauen, versuchen, die Zeit mit meinen Herzmenschen noch bewusster zu genießen und ihnen jeden Tag sagen, wie sehr ich sie liebe. Ich werde mich wieder mehr an den kleinen Dingen freuen, Sonnenstrahlen und Glücksmomente sammeln.

Ich möchte mich weniger aufregen und ärgern, weniger stressen und streiten. Sterben muss ich sowieso irgendwann. Was ich bis dahin anstelle, bleibt einzig und allein mir überlassen. Ich werde jeden Tag das Beste aus meinem Leben machen.

Du hättest es genauso gemacht.

———————

TRÄUME VERWIRKLICHEN

Alles auf *Anfang*

Wir glauben,
wir hätten ewig *Zeit*

So erstellst du deine
eigene *Bucket List*

Meine *Bucket List*

Warum kein *Traum*
jemals zu groß ist – Interview
mit Gesa Neitzel

ALLES AUF ANFANG

Freitagabend, 18 Uhr. Lustlos fuhr ich meinen Computer runter, räumte die Tasse mit dem kaltgewordenen Kaffee von meinem Schreibtisch in die Spülmaschine und schaltete den Anrufbeantworter ein. Ich war, wie so oft, die Letzte im Büro. Ich verschloss die Geldkassette mit den Tageseinnahmen im Tresor, schaltete das Licht aus und zog die Tür hinter mir zu.

»Endlich Wochenende!«, schrieb ich meiner Freundin. Endlich abschalten und aus dem Alltag fliehen. Die letzten 107 Stunden hatte ich dem Wochenende entgegen gefiebert. Endlich raus aus dem Büro. Endlich leben!

Doch worauf freute ich mich eigentlich so sehr? Auf die immer gleichen Partys? Und am Montag beginnt dann der gleiche Trott von vorne? Diese Gedanken kreisten schon seit Wochen in meinem Kopf herum. Auf dem Heimweg fragte ich mich, ob das schon alles gewesen sein soll. Sorgen, die mich innerlich auffraßen. Ich begoss sie mit Wodka und schickte sie in die Wüste.

Mit meinen Freunden feierte ich das ganze Wochenende durch. Viele Menschen, flackernde Lichter, wummernde Bässe – Electro-Partys von Freitag bis Sonntag. Ich vergaß meine Sorgen und den Ernst des Lebens. Ich genoss die Musik, die Gespräche und manchmal auch das Schweigen. Ich war glücklich. Halbwegs. Zumindest für den Moment. Wir tanzten ausgelassen, tranken viel, schliefen wenig und dachten nicht an morgen, nicht an die Zukunft, nicht an unsere Ängste und Träume und vor allem nicht an die Arbeit.

Als ich am Sonntagabend völlig zerstört in meinem Bett lag, packten mich die Zweifel erneut. Gedanken, die ich seit Ewigkeiten weggeschoben hatte, ließen sich nun nicht mehr verdrängen. Was zum Teufel mache ich hier eigentlich? Bin ich überhaupt glücklich? Soll das wirklich schon alles gewesen sein? Soll ich diesen Job jetzt bis zum Ende meines Lebens machen? Für immer in dieser Stadt leben? Wie soll es weitergehen? Was wird von mir erwartet? Ich wälzte mich im Bett hin und her und zerbrach mir den Kopf. Meine Gedanken drehten sich im Kreis. Mir war kotzübel. Ich konnte nicht richtig atmen und einschlafen konnte ich erst recht nicht.

Dabei hatte ich doch eigentlich gar keinen Grund unzufrieden zu sein. Ich war gesund, meinen Herzmenschen ging es gut, ich hatte eine eigene Wohnung. Eine mit begehbarem Kleiderschrank und Regendusche, aus der ich niemals ausziehen wollte. Ich hatte tolle Freunde, mit denen ich jedes Wochenende die Clubs in ganz Deutschland unsicher machte. Ich hatte einen festen Freund, den ich liebte, meine Familie in meiner Nähe und einen sicheren Job bei einem Zeitungsverlag, der mir einigermaßen Spaß machte. Eigentlich war alles perfekt. Eigentlich. Doch irgendetwas fehlte.

Ich musste raus. Raus aus dieser Stadt, raus aus diesem Job und raus aus diesem Leben. Ich wollte mehr! Ich wollte die Welt sehen und am Ende meines Lebens nicht sagen: »Ach, hätte ich doch bloß …« oder: »Wäre ich nur damals …« Ich wollte später nichts bereuen, vor allem keine verpassten Chancen. Chancen, die ich nicht wahrgenommen habe, weil ich zu bequem, zu faul, zu ängstlich oder zu vernünftig war. Plötzlich klingelte der Wecker und riss mich aus meinen Träumen. Montagmorgen. Ich fühlte mich gerädert, ausgebrannt, unmotiviert. Der Alltagstrott begann von Neuem. Ich duschte, frühstückte und ging wie ferngesteuert zu Fuß ins Büro. In der Mittagspause lungerte ich auf dem Marktplatz unserer langweiligen Kleinstadt herum. Nichts passierte hier. Dann und wann prügelten sich ein paar Kinder, ein Hund kackte vor die Sparkasse, sein Herrchen guckte peinlich berührt weg und ging weiter, ohne die Hundescheiße mit einer Plastiktüte zu entsorgen.

Der altbackene Friseursalon stellte ein neues Transparent mit den Angeboten der Woche auf. Es waren die gleichen wie in der vergangenen Woche. Ich hatte keine Lust mehr auf diesen Alltagstrott. Die Routine nervte mich. Selbst die Schokobrötchen aus meiner Lieblingsbäckerei ödeten mich an. Ich fühlte mich gefangen in einem goldenen Käfig.

Die folgenden Tage liefen alle gleich ab: Aufstehen, arbeiten, essen, schlafen, aufstehen, arbeiten, essen, schlafen. Ich zählte die Stunden bis zum Wochenende, um dann wieder zwei Nächte lang durchzufeiern.

Ich hatte keinen Bock mehr auf dieses Hamsterrad. Ich wollte die Welt bereisen, Abenteuer erleben, in fremde Kulturen eintauchen, mich lebendig fühlen, Neues lernen, leben. Eine Veränderung musste her und zwar schnell, denn ich bin kein Mensch, der lange plant. Geduld zähle ich nicht zu meinen Stärken.

Ich bewarb mich für ein internationales Bachelor-Studium in den Niederlanden. Der Unterricht in den Unis unseres Nachbarlandes hatte den Ruf, viel persönlicher und praxisbezogener zu sein als in Deutschland. Er wurde auf Englisch abgehalten und die Themen wurden in kleinen Gruppen erarbeitet. Das sprach mich mehr an, als meine Zeit in überfüllten Hörsälen abzusitzen, in denen man sowieso meistens nur körperlich anwesend ist – wenn überhaupt. Der Hauptgrund für meine Entscheidung, in den Niederlanden zu studieren, war jedoch die Aussicht auf ein Auslandssemester an den beiden Partneruniversitäten in Indonesien und Thailand. Ob dieses Argument wohl im Motivationsschreiben überzeugen würde?

———————

Wenige Wochen später brachte der Postbote tatsächlich eine Zusage. Überglücklich hielt ich das Ticket für ein neues Leben in den Händen. Ich konnte es kaum erwarten.

Gleich am nächsten Morgen bat ich meinen Chef um ein Gespräch unter vier Augen. Als ich in seinem Büro saß, wurde mir plötzlich ganz anders. Wie sage ich es bloß? Wo fange ich an? Ich war so nervös. Bin ich mir überhaupt hundertprozentig sicher, dass ich das hier wirklich durchziehen will? Und warum habe ich in der Schule eigentlich gelernt, wie ich monohybride von dihybriden Erbgängen unterscheide, nicht aber, wie ich einen Job kündige?

Plötzlich platzte es einfach aus mir heraus: »Ich kündige.« Aus und vorbei. War doch gar nicht so schwer.

Dank großem Verständnis für meine Entscheidung und einigen Tagen Resturlaub ging alles ganz schnell. Mein Weihnachtsgeld musste ich anteilig zurückzahlen. Danach war ich frei. Ich kündigte meine Wohnung, trotz begehbarem Kleiderschrank und Regendusche, verkaufte mein Auto und zog nach Holland. Zwar war ich nur 400 Kilometer von meiner Heimat entfernt, aber dennoch war es ein Schritt nach vorne.

Von nun an wohnte ich in Leeuwarden, einer schnuckeligen Studentenstadt in der Provinz Friesland mit kleinen Grachten und viel holländischem Flair. Hier begann ich mein Studium zur *Media & Entertainment Managerin*. Ich lernte wunderbare Menschen kennen. Einige, mit denen ich einfach eine gute Studentenzeit verbrachte, andere, die zu echten Freunden wurden und bis heute ein wichtiger Teil meines Lebens sind. Ich sammelte Erfahrungen, gute sowie schlechte, lernte für die Uni, aber vor allem fürs Leben.

Vieles veränderte sich. Meine Beziehung ging in die Brüche, Freundschaften ebenso. Meine alten Freunde machten dort weiter, wo ich aufgehört hatte. Wir lebten uns auseinander, brachen den Kontakt ab, nicht bewusst, aber dennoch irgendwie gewollt. Jeder ging seinen eigenen Weg. So läuft das im Leben nun mal. Ich für meinen Teil wählte den Weg, der mich hinaus in die große weite Welt führen sollte.

MAN BEREUT NIE, WAS MAN GETAN, SONDERN IMMER, WAS MAN NICHT GETAN HAT.

MARC AUREL

WIR GLAUBEN, WIR HÄTTEN EWIG ZEIT

Fühlst auch du dich manchmal in deinem Alltagstrott gefangen, hast die ermüdende Eintönigkeit satt und fragst dich, ob das schon alles im Leben gewesen sein soll? Dann hat das sogenannte Hamsterrad wohl auch dich fest im Griff.

Um etwas an deiner Situation zu ändern, solltest du dir zunächst bewusst machen, wie ein erfüllteres Leben für dich aussehen könnte und was du überhaupt bereit bist zu ändern.

Außerdem solltest du das Konzept des ewigen Aufschiebens, sprich heute Opfer bringen, um in der Zukunft ein besseres Leben zu haben, noch einmal überdenken, denn der vielleicht größte Fehler, den wir alle machen, ist zu glauben, wir hätten ewig Zeit. Zeit, um irgendwann einmal Freitag nachmittags nach Feierabend die Tasche zu packen und übers Wochenende ans Meer zu fahren, frische Seeluft zu atmen, den Kopf freipusten zu lassen und zum Sonnenuntergang barfuß am Strand entlangzulaufen. Wir sehnen uns danach, das Wasser zu spüren, wie es unsere Knöchel sanft umspült und die warmen Sonnenstrahlen auf der Haut, die unsere Batterien aufladen. Wir wollen einfach mal so richtig abschalten, vom Alltag, vom Job, vom Leben.

Irgendwann kommt sicher der Zeitpunkt, aber gerade passt es einfach nicht, denn am Wochenende warten die Verpflichtungen: Die Hausarbeit, der Geburtstag des Arbeitskollegen, die Steuererklärung, und am Ende liegen wir doch nur vor der Glotze, die Chipstüte in der einen, die Fernbedienung in der anderen Hand und zappen durch die Programme auf der Suche nach – ja, nach was eigentlich?

Woche für Woche, Jahr für Jahr vergeht und oft merken wir nicht, dass uns unzählige verpasste Chancen wie Wüstensand durch die Hände rinnen. Dabei würden wir doch auch so gerne mal Wüsten durchqueren, über Ozeane reisen, in den Bergen wandern, exotische

Länder kennenlernen und echte Abenteuer erleben. Aber dafür fehlt einfach die Zeit.

Wir alle haben kleine und große Träume, doch nur die wenigsten Menschen lassen ihre Träume Wirklichkeit werden. Stattdessen verdrängen wir unsere eigene Vergänglichkeit und tun so, als würden wir ewig leben.

Irgendwann kommt allerdings der Tag, an dem unsere Zeit auf Erden abgelaufen ist. Der Tag, an dem wir uns wünschen, wir hätten Dinge anders gemacht, hätten mehr gelebt, wären doch endlich mal ans Meer gefahren, hätten öfter in der Sonne gesessen und Eis gegessen, die Nächte durchgefeiert und das süße Leben genossen. Doch dafür ist es dann zu spät.

Wenn du am Ende deines Lebens keine verpassten Chancen bereuen möchtest, dann stelle dir die entscheidende Frage: Worauf willst du am Ende deines Lebens zurückblicken?

John Strelecky animiert in seinem Buch *The Big Five for Life* dazu, sich sein eigenes Leben wie ein Museum vorzustellen. Jeder einzelne Tag wäre in diesem Museum dargestellt – in Bildern, Videos, Zitaten und Momentaufnahmen, die nicht die Dinge widerspiegeln, die wir uns erträumt haben, sondern die, die unser Leben tatsächlich ausmachen. Am Ende unseres Lebens dürften wir durch das Museum spazieren und all die Räume in Ruhe betrachten.

Wie würde dein Museum aussehen? Wäre es voller bunter Farben und Glücksmomente, voller Reisen und Eindrücke, lachender Menschen, berührender Begegnungen und toller Erlebnisse? Oder wäre das Museum vollgestopft mit Arbeit, Termindruck, Stress, Deadlines, Meetings, Ärger und unerfüllten Wünschen?

Niemand schreibt dir vor, wie du dein Leben zu leben hast, was du zu tun und zu lassen hast. Niemand entscheidet darüber, welchen Weg du einschlägst und niemand gestaltet deine Zukunft. Niemand außer dir. Du ganz alleine bist für dein Glück, deine Träume, dein Leben verantwortlich. Du hast es in der Hand. Du erstellst die Spielregeln.

Es muss ja nicht gleich eine Weltreise, die Besteigung des Kilimandscharos oder eine Polarexpedition sein. Ich sage auch nicht, dass du alles hinschmeißen musst, um glücklich zu werden. Job und Wohnung zu kündigen, sämtlichen Besitz zu verkaufen und ein One-way-Ticket ans andere Ende der Welt zu kaufen, ist mit Sicherheit nicht der ultimative Weg zum Glück, in manchen Lebenssituationen überhaupt nicht möglich und in einigen Fällen bestimmt auch gar nicht erwünscht. Du musst nicht gleich dein komplettes Leben auf den Kopf stellen. Vielmehr solltest du dir Zeit nehmen, um in dich zu gehen, um herauszufinden, was du wirklich willst und was ein erfülltes Leben für dich bedeutet.

Was ich damit sagen will: Lebe deine Träume. Beschäftige dich mehr mit den Dingen, die dich glücklich machen. Auch ein Offline-Wochenende in der Natur kann eine tolle Auszeit sein. Die Welt steckt voller Überraschungen, nicht nur in der Ferne, sondern auch vor unserer eigenen Haustür, denn oft sind es schon die kleinen Alltagsfluchten, die neue Horizonte eröffnen.

Noch hast du genügend Zeit, deine Geschichte umzuschreiben und wundervolle Museumstage zu sammeln.

ABENTEUER SIND
ERSTREBENSWERT.

ARISTOTELES

SO ERSTELLST DU DEINE EIGENE BUCKET LIST

Träume, Wünsche und Ziele zu Papier zu bringen ist nicht nur ein schönes Ritual, das uns hilft, Klarheit im Kopf zu schaffen, sondern es unterstützt uns auch dabei, unsere Ziele zu erreichen. Das hat die Psychologin Dr. Gail Matthews an der *Dominican University of California* herausgefunden. Wer nur an seine Ziele denkt, nutzt allein seine Vorstellungskraft, also seine rechte Gehirnhälfte, die für Kreativität, Ideen und Sinneseindrücke zuständig ist. Wer hingegen seine Ziele aufschreibt, nutzt beide Gehirnhälften und sendet wirksame Signale an das Unterbewusstsein, so die Psychologin. Außerdem ist das Aufschreiben immer auch ein Versprechen an uns selbst.

Starte doch einfach mal damit aufzuschreiben, was dich glücklich macht oder dein Herz höher schlagen lässt: dein Lieblingslied, dein Lieblingsort, Menschen, die dir wichtig sind, Kindheits- oder Urlaubserinnerungen, Dinge, die dich zum Lachen bringen, Sonnenstrahlen auf der Haut, ein Herbstspaziergang …

Wie sehen deine Lebensträume aus?

Im zweiten Schritt schreibst du deine Träume und Ziele auf, die du in die Wirklichkeit umsetzen möchtest, ganz egal wie fantastisch, verrückt und unerreichbar sie dir zurzeit erscheinen.

Was möchtest du gerne einmal ausprobieren und lernen? Welche Abenteuer möchtest du erleben? Welchen Herausforderungen möchtest du dich stellen? Welche Erfahrungen möchtest du machen und welche Orte möchtest du in deinem Leben bereisen?

Deine Bucket List soll keine To-Do-Liste sein, die du krampfhaft abarbeitest. Sie soll vielmehr eine Liste deiner Träume, Ziele und Wünsche sein, die du dir in deinem Leben erfüllen möchtest. Du wirst merken, schon das Aufschreiben ist bereits der erste Schritt zur Umsetzung.

UNSERE TRÄUME

DÜRFEN MAßLOS SEIN,

UNVERNÜNFTIG,

ABSURD, DENN SIE SIND

NUR DER ANFANG

VON ETWAS, DAS
VERÄNDERUNG IN UNSER

LEBEN BRINGT.

UNBEKANNT

Meine Bucket List

- ☐ Meeresleuchten auf den Malediven erleben
- ☐ Kanufahren am Fuße des Mount Fuji
- ☐ Über die Seidenstraße von Turkmenistan über Usbekistan nach China reisen
- ☒ ~~Mit frei lebenden Delfinen im Meer schwimmen~~
- ☐ Beim Anblick der Polarlichter sprachlos in den Himmel starren
- ☐ Unter dem Sternenhimmel in der Wüste übernachten
- ☒ ~~Eine Dschungelsafari im Amazonas-Regenwald machen~~
- ☐ Alaska und Grönland bereisen
- ☐ Die bunten Moscheen im Iran bestaunen
- ☐ Die Nomadenvölker in der Steppe der Mongolei besuchen
- ☒ ~~Im Helikopter über den Grand Canyon fliegen~~
- ☐ Einen Indian Summer in Kanadas Westen erleben
- ☒ ~~Durch die norwegischen Fjorde zum Nordkap reisen~~
- ☐ Die Magie des Lake Atitlan in Guatemala spüren
- ☒ ~~Eine Sonnenaufgangszeremonie auf dem heiligen Adam's Peak erleben~~
- ☐ Den Annapurna-Trek in Tibet wandern
- ☒ ~~Im Wasserflugzeug über die Whitsunday Islands fliegen~~
- ☐ In einem pastellfarbenen Oldtimer durch Kuba fahren
- ☒ ~~Surfen lernen auf Bali~~
- ☐ An Bord eines Expeditionsschiffes in die Antarktis fahren
- ☒ ~~Die Alpen per Zug überqueren~~

Meine Bucket List

- ☐ Mit der transsibirischen Eisenbahn von Moskau nach Peking fahren
- ☒ ~~Schafe scheren in Neuseeland~~
- ☐ Weiße Winterpracht am russischen Baikalsee erleben
- ☒ ~~In 3.600 Metern Höhe aus dem Flugzeug springen~~
- ☒ ~~In Island nach Elfen suchen~~
- ☐ Über den Pamir Highway durch das Hochgebirgsland in Tadschikistan fahren
- ☒ ~~Herbstzauber in der Toskana erleben~~
- ☒ ~~Im Helikopter über die Regenwälder Hawaiis fliegen~~
- ☒ ~~Das Phänomen der Mitternachtssonne erleben~~
- ☐ Über Marrakeschs bunte Märkte schlendern
- ☐ Im Heißluftballon über die Märchenlandschaft Kappadokiens fliegen
- ☒ ~~Meine persönlichen Big Five auf Safari in Südafrika treffen~~
- ☒ ~~Einen Sonnenaufgang am Ayers Rock bestaunen~~
- ☒ ~~Einen Roadtrip entlang des Wild Atlantic Way in Irland machen~~
- ☐ Auf dem Alpe-Adria-Trail von Österreich bis an die Adria wandern
- ☐ An einem Schweige-Retreat im Kloster teilnehmen
- ☒ ~~Den Zauber des Taj Mahal in Indien erleben~~
- ☐ Die Naturwunder Patagoniens bestaunen
- ☒ ~~Australiens Great Ocean Road entlangfahren~~

DAS GROßE

VERGNÜGEN

IM LEBEN BESTEHT

DARIN, DINGE ZU TUN,

DIE EINEM DIE ANDEREN

NICHT ZUTRAUEN.

WALTER BAGEHOT

Platz
FÜR DEINE BUCKET LIST

———————

WARUM KEIN TRAUM JEMALS ZU GROSS IST

MIT GESA NEITZEL

Gesa arbeitete als Fernsehredakteurin in Berlin, bevor sie den Entschluss fasste, ihren Rucksack zu packen, um in die Wildnis Afrikas zu reisen und sich als Rangerin ausbilden zu lassen. Heute pendelt die Autorin zwischen Deutschland und Afrika und bietet nebenberuflich Safaritouren für safariFRANK in verschiedenen afrikanischen Ländern an.

Wie kamst du auf die Idee, dich in Afrika als Rangerin ausbilden zu lassen?

Die Idee entstand im Urlaub in Südafrika. Ich überwinterte im Land am Kap und kam in dieser Zeit mit Rangern in Kontakt, die mir von der Ausbildung erzählten. Ich hatte schon lange nach »dem Absprung« gesucht und wollte aus meinem Berliner Leben ausbrechen. Gepaart mit etwas Wahnsinn und Mut war es dann ein Jahr später so weit.

Mit deinem Leben als Fernsehredakteurin in Berlin warst du unzufrieden. Was war für dich der entscheidende Knackpunkt, an dem du etwas ändern wolltest?

Die Leere war natürlich schon lange vorhanden gewesen und hatte sich langsam in meinen Alltag eingeschlichen. Der entscheidende Moment kam in Südafrika in den Drakensbergen. Manchmal ist es am besten, weit weg von allem zur Ruhe zu kommen, und dann tauchen die richtigen Fragen oder Ideen ganz von alleine in deinen Kopf auf. Ich bin genau deshalb ein großer Fan vom Alleinreisen. Es lässt sich viel Wahrheit finden in einem fremden Alltag.

Wie bist du die Sache angegangen?

Alles fing an mit der Schnapsidee, dass ich ja auch Rangerin werden könnte. Dann habe ich nur mal so zum Spaß recherchiert und festgestellt, dass das tatsächlich möglich ist. Ein kleiner Schritt führte zum nächsten. Es half, das Ganze locker anzugehen. Gleichzeitig war es aber – so glaube ich – dringend notwendig, mir eine klare Deadline zu setzen. Ich gab mir selbst zwölf Monate, um mein Leben von Grund auf zu verandern. Sobald es dann konkreter wurde, habe ich anderen davon erzählt. Dieser Schritt ist wichtig, damit du mutig bleibst und dich an dein eigenes Versprechen hältst – er darf aber meiner Meinung nach auch nicht zu früh erfolgen. Ich habe mit anderen Ideen oft den Fehler gemacht, mich zu früh mitzuteilen, weil ich selbst so begeistert war. Dieses frühe Mitteilungsbedürfnis kann entmutigend sein, weil andere eventuell mit Unverständnis, Spott oder vielen Fragezeichen reagieren – sowas tötet viele Ideen ab.

Hattest du Erwartungen an deine Zeit in Afrika oder bist du völlig unvoreingenommen in dein großes Abenteuer gestartet?
Ich bin recht unvoreingenommen rangegangen. Es war einfach eine völlig fremde Welt, in die ich da eintauchen würde. Ich glaube, alles, was ich mir vorher so an Szenarien ausgemalt habe, war absoluter Blödsinn. Klar habe ich im Vorfeld viel gelesen und mir Afrika-Dokus angeschaut, aber wie es wirklich sein könnte – das konnte mir keiner recht erklären. Mein Buch scheint anderen Afrika-Fans da heutzutage eine gute Brücke zu bauen.

Hattest du Angst? Gab es Zweifel?
Ich hatte ganz viel Angst und unfassbar viele Selbstzweifel. Das ging so weit, dass ich das Ganze eine Woche vor Abflug abblasen wollte. Ich hatte aber bereits vor der Reise einen Buchvertrag in der Tasche – diese Verpflichtung hat mir dabei geholfen, die Sache durchzuziehen.

Gab es Menschen, die nicht an dich geglaubt haben oder versucht haben, dir deine Idee auszureden?
Ausreden wollte es mir niemand. Ich glaube, anfangs hat das niemand recht für voll genommen. Meine Familie stand immer zu hundert Prozent hinter mir, wenngleich auch sie gewiss Angst und Zweifel hatten.

Hast du deine Entscheidung jemals bereut?
Niemals. Seitdem ich den Kreis der Angst und der Zweifel einmal mit dem Einsteigen ins Flugzeug überwunden hatte, habe ich das Gefühl, dass mein Leben »fließt«. Es hat eine Richtung bekommen und einen Sinn.

Ich liebe die afrikanische Wildnis über alles und weiß, dass ich mich für den Rest meines Lebens dafür einsetzen werde, sie zu bewahren und anderen Menschen ihre Schönheit näherzubringen.

Gab es während der Ausbildung einen Moment, der für dich ganz besonders war?

Die gesamte Ausbildung war für mich eine ganz magische Erfahrung – das sagen alle anderen auch, die sie absolviert haben. Wahrscheinlich ähnlich wie das Studium oder eine Ausbildung für andere junge Menschen, steckt diese Zeit voller kostbarer Erinnerungen. Jede Begegnung mit einem wilden Tier – vor allem zu Fuß – ist unvergesslich.

In deinem Buch erzählst du von Begegnungen mit wilden Tieren. Was war dein schlimmstes oder gefährlichstes Erlebnis im Busch?

Die Frage wird mir oft gestellt, aber ich muss ehrlich sagen, dass mir persönlich nie etwas Schlimmes oder Gefährliches passiert ist. Ich bin einfach vollkommen eingetaucht. Die Begegnungen mit den wilden Tieren waren in meinem Fall alle faszinierend. Klar gab es auch mal Situationen, in denen ein Tier etwas zu nahe kam, aber am Ende muss ich wirklich sagen, dass ich großartige Lehrer hatte und mich immer sicher fühlte.

Was war deine wichtigste Lektion in Afrika und was können wir Europäer von der afrikanischen Wildnis lernen?

Oh, so viel! Die afrikanische Wildnis schafft eine Brücke zwischen uns und unseren Urmüttern und Urvätern. Hier kommen wir her; hier haben sich unsere Instinkte entwickelt. Es findet ein Wiedererkennen statt, wenn wir am Lagerfeuer sitzen und uns Geschichten erzählen, während in der Ferne ein Löwe brüllt.

Was bedeutet Reisen für dich?

Reisen bietet die bittersüße Möglichkeit, sich fern von allem, was man kennt, neu zu erfinden. Die Herausforderung besteht allerdings darin, je wieder zu Hause anzukommen.

Was würdest du anderen Menschen raten, die einen Traum haben, sich aber nicht trauen ihn zu leben?

Du musst abwägen, was größer ist: Die Angst davor, deinen Traum zu leben – oder die Angst davor, ihn zu begraben.

Über ihre Erlebnisse im afrikanischen Busch hat Gesa ein Buch geschrieben: Neitzel, Gesa: Frühstück mit Elefanten – Als Rangerin in Afrika, Berlin 2016

NIEMAND WEIß,

WAS ER KANN,

BIS ER ES PROBIERT HAT.

PUBLILIUS SYRUS

AUFBRECHEN

Reisen als Lebensentwurf

———

Dorthin reisen, wo niemand hingeht – Interview mit Martin Druschel

———

Ausreden, die dich vom Aufbrechen abhalten (und überzeugende Gegenargumente)

REISEN ALS LEBENSENTWURF

Von Holland aus unternahm ich meine erste große Reise. Vier Wochen lang tourte ich mit einer Freundin durch die USA. Zum ersten Mal in meinem Leben beantragte ich einen Reisepass, zum ersten Mal verließ ich Europa und zum ersten Mal spürte ich, wie sich grenzenlose Freiheit anfühlt.

Die erste Woche verbrachten wir in New York. Mit leuchtenden Augen spazierten wir durch die Hochhausschluchten, überwältigt von all den Eindrücken, die ich wie ein Schwamm aufsaugte. Stundenlang saßen wir am Times Square, der berühmten Kreuzung von Broadway und 7th Avenue, zwischen all den blinkenden Werbetafeln, die unentwegt nach Aufmerksamkeit schrien. Wir lagen im Central Park, liefen über die Brooklyn Bridge und fuhren mit der Staten Island Ferry zur Freiheitsstatue, dem Symbol für Freiheit, Unabhängigkeit und dem American Way of Life.

New York machte es mir leicht. Zwischen all den Menschen, Wolkenkratzern, den gelben Taxen, dem Chaos und der Hektik fühlte ich mich wunderbar. Die Stadt, die niemals stillsteht, verkörperte für mich Bewegung und Veränderung – genau das, wonach ich mich sehnte. Ich verliebte mich in dieses unbeschreibliche Hier-ist-alles-möglich-Gefühl, das uns jeden Tag aufs Neue begegnete. Als ich auf dem Empire State Building stand und dabei zusah, wie die untergehende Sonne das gigantische Häusermeer zum Glühen brachte, wurde es plötzlich ganz still um mich herum. Für einen Moment schloss ich die Augen. Ich spürte den warmen Energiefluss, der meinen Körper durchströmte. In diesem Moment war mir klar: Das hier war erst der Anfang. Der Anfang von etwas Großem.

Die darauffolgenden drei Wochen bereisten wir den Westen der USA. 3.800 Kilometer fuhren wir im Mietwagen durch Kalifornien, Arizona, Utah und Nevada. Mit Glücksgefühlen im Überfluss flogen wir im Helikopter über den Grand Canyon, verliebten uns in die lässige Atmosphäre in Venice Beach und tranken Oreo-Milchshakes auf den roten

Ledersesseln der typisch amerikanischen Diners, die ich bisher nur aus Hollywoodfilmen kannte. Wir erlebten atemberaubende Sonnenauf- und -untergänge im leuchtend roten Bryce Canyon, tankten Energie an den weißen Endlossträndern von Malibu Beach und fühlten uns neben den fast 3.000 Jahre alten Mammutbäumen im Yosemite Nationalpark wie Zwerge.

Dieser Trip veränderte alles. Der Grundstein für meine Abenteuerlust war gelegt. Mein großer Traum vom Reisen wurde zum ersten Mal greifbare Realität.

Der Wunsch, die Welt zu sehen, begleitet mich seit meiner Kindheit. Ich erinnere mich noch gut daran, wie ich mit meinem Papa auf dem Sofa saß, seine bunten, liebevoll beklebten und beschrifteten Fotoalben durchblätterte und seinen Abenteuergeschichten lauschte. Sie handelten von Hawaii, Moorea, Tahiti und den Osterinseln, von Dschungelexkursionen im Amazonas, von Guatemala, Chile, Australien, China, Japan und Korea.

Mein Papa hatte in jungen Jahren als Koch auf Kreuzfahrtschiffen gearbeitet (daher auch meine Liebe zur Seefahrt). Die Zeit zwischen seinen Einsätzen nutzte er, um die Welt mit dem Rucksack zu erkunden. Um seinen Hals baumelt noch heute eine Kette aus Peru. Ich bewunderte seinen Lebensstil, seine Fotos und Geschichten ließen mich träumen. Irgendwann einmal werde ich auch losziehen und mir diese wunderbare Welt ansehen, dachte ich damals. Dies sollte sich bewahrheiten.

———————

Der Drang zu reisen und die Welt mit eigenen Augen zu sehen, ist tief in uns Menschen verwurzelt. Unsere Neugier und Abenteuerlust sind keine jugendlichen Spinnereien, die man ad acta legen sollte, sobald der »Ernst des Lebens« beginnt, sondern zutiefst menschliche Eigenschaften. Statt sie zu unterdrücken, sollten wir sie hegen und pflegen und herausfinden, was die Welt für uns bereithält. Was verbirgt sich hinter dem Horizont? Welche Weggabelungen warten auf mich? Wie bin ich, wenn ich woanders bin?

Es gibt Lebensphasen, in denen es relativ leicht ist, eine große Reise zu planen – nach dem Schulabschluss, während des Studiums, vor dem ersten Job. Später kommen oft Verpflichtungen hinzu, die es uns schwerer machen. Kinder, pflegebedürftige Eltern, ein Hauskredit. Trotzdem solltest du dein Fernweh und deine Abenteuerlust nicht einfach wie einen Stapel alter Fotos auf dem Dachboden verstauen.

Reisen macht glücklich, am schönsten ist es jedoch, wenn du mehrere Monate lange Zeit hast und dich treiben lassen kannst. Mir ist bewusst, dass nicht jeder Reisen zu seinem Lebensentwurf machen kann, aber du kannst Prioritäten im Leben setzen, auf ein Ziel hinarbeiten und vor allem kannst du dir das Abenteuer und den Aufbruch immer wieder in deinen Alltag hineinholen. Auch ein spontaner Roadtrip ins Blaue kann unbeschreibliche Glücksgefühle auslösen und dich mit neuer Lebensenergie beflügeln.

––––––––––––––

Meine Zeit in den Niederlanden war abgelaufen. Das langersehnte Auslandssemester in Südostasien stand an. Dass ich nicht mehr als der Mensch wiederkommen würde, der ich heute war, sagte mir mein Bauchgefühl. Also fackelte ich nicht lange und trennte mich von dem Besitz, den ich angehäuft hatte. Ich verkaufte fast den kompletten Hausstand übers Internet und auf Flohmärkten. Ich kündigte sämtliche Verträge, löste mein Bankkonto in Leeuwarden auf und merkte, wie sehr mich das alles befreite. Mit jeder Fessel, die sich löste, fühlte ich mich ein Stückchen leichter. Das Loslassen gefiel mir. Ich verkaufte mein Bett, meine Couch, meinen Kleiderschrank, mein Fahrrad, Klamotten, Küchenutensilien, sogar meine Musikanlage. Mit dem Geld besserte ich meine Reisekasse enorm auf. Es fühlte sich alles so verdammt richtig an. Am Ende passte das, was mir noch wichtig war, in ein paar Umzugskisten, die ich bei meinen Eltern unterstellte. Den Rest hatte ich in meinem Rucksack bei mir.

Als ich ins Flugzeug stieg, hatte ich keinen blassen Schimmer, was mich auf Bali erwarten würde. Asien war Neuland für mich. Mit klopfendem Herzen flog ich einem für mich völlig fremden Kontinent, einer

UND PLÖTZLICH
WEIßT DU: ES IST ZEIT,
ETWAS NEUES
ZU BEGINNEN UND DEM
ZAUBER DES ANFANGS
ZU VERTRAUEN.

MEISTER ECKHART

neuen Kultur, einer neuen Herausforderung entgegen. Schon beim Landeanflug, als ich die paradiesische Inselwelt Indonesiens überblickte, verliebte ich mich in mein neues Zuhause.

Wenige Stunden später saß ich auf dem Rücksitz eines Motorrollers, klammerte mich an meine Kommilitonin und brauste mit ihr durch die brechend vollen Straßen. Der Verkehr auf Bali war das reinste Chaos. Wir wurden von rechts und links überholt, meistens beides gleichzeitig. Die Balinesen winkten uns zu. Sie saßen nicht selten mit der kompletten Familie, bis zu fünf Personen, auf einem Roller und transportierten dabei mindestens zehn Taschen voller Einkäufe.

Als wir endlich am Strand angekommen waren, tauchte die Sonne gerade ins Meer. Wir ließen uns in den weichen Sand fallen, tranken das erste Bintang Bier und bestaunten den Sonnenuntergang. Die Luft war angenehm warm. Ich war im Paradies angekommen. Ich spürte, wie mir eine Freudenträne über die Wange rollte und ein Gefühl von Dankbarkeit machte sich breit. Mein Herz tanzte und mein Kopf, angesäuselt vom Bier, gleich mit.

Am nächsten Morgen begann die Uni. Pünktlich um acht Uhr stand ich schön gestriegelt in Schuluniform vor der Studentenunterkunft, wo ich, gemeinsam mit den anderen, in einen kleinen Shuttlebus verfrachtet und zum Campus gebracht wurde. Das Rollerfahren wurde uns wegen der hohen Unfallgefahr verboten. Das hinderte mich allerdings nicht daran, gleich am nächsten Tag einen Mietvertrag zu unterschreiben und mich von diesem Zeitpunkt an selbst mit dem Roller durch den dichten Verkehr zur Uni zu kämpfen. Den Bikini hatte ich schon morgens unter der Uniform, schließlich zelebrierten wir das Unterrichtsende meistens mit frisch gepresstem Wassermelonensaft am Strand.

Eines meiner schönsten Erlebnisse auf Bali war die Besteigung des aktiven Vulkans Gunung Batur zum Sonnenaufgang. Um halb vier morgens klingelte der Handywecker. Unser Guide holte uns an der Unterkunft am Kratersee Lake Batur ab, in der wir uns für diesen Trip einquartiert hatten. Durch die Dunkelheit fuhren wir ihm mit unseren Motorrollern hinterher, bis wir am Fuße des Vulkans, dem Ausgangspunkt der Wanderung, ankamen. Vor einer kleinen Holzhütte gab es heißen Kaffee und trockene Cracker zum Wachwerden.

Bevor der dreistündige Anstieg zum Krater begann, wurden wir mit Taschenlampen ausgerüstet. Zuerst ging es nur leicht bergauf und wir folgten dem fröhlichen Guide im Gänsemarsch. Noch immer war es stockdunkel.

Nach einer Weile wurde es steiler und anstrengender. Die Pfade, auf denen wir uns befanden, waren unbefestigt und in der Dunkelheit kaum zu erkennen. Mit einem ordentlichen Tempo ging es voran. »Diese Tour hat nichts mehr mit Wandern, sondern eher mit Bergsteigen zu tun«, fluchte ich, als wir zwischen den Felsen und losen Steinen herumkletterten und immer wieder abrutschten. Ich muss zugeben, dass wir nicht besonders gut vorbereitet waren und auch nicht die besten Schuhe für eine Bergbesteigung dabei hatten. Aber das schien auf Bali niemanden zu stören, denn selbst der Guide turnte in Flip Flops auf dem Vulkan herum.

Mit zunehmenden Höhenmetern ließen meine Kräfte nach. Der Anstieg wurde steiler und steiler, die Luft kühler und ich schwitzte, als säße ich in der Sauna. »Keine Zeit für Verschnaufpausen«, rief unser Guide »sonst schaffen wir es nicht bis zum Sonnenaufgang auf den Gipfel.« Ich wollte ihn am liebsten erschlagen. Stattdessen kämpfte ich mit meinen müden Beinen und motivierte mich zum Durchhalten. Bald haben wir es geschafft!

Oben angekommen war meine Strickjacke komplett durchgeschwitzt, mein Gesicht knallrot und die Haare klatschnass. Meine Beine zitterten. Ich konnte nicht mehr.

Doch mit einem Mal war jede Anstrengung vergessen, denn der Ausblick entschädigte für alles. In der Morgendämmerung hatten wir einen unglaublichen Panoramablick auf die Vulkanlandschaft, den Lake Batur und die Silhouetten der umliegenden Berge.

Bald zeigte sich ein schmaler orange-roter Lichtstreifen am Horizont. Dichter Nebel stieg aus dem Tal empor und die ersten Sonnenstrahlen des Tages kamen zum Vorschein. Die Morgenluft war frisch und klar. Wie in Zeitlupe verschwand die dunkle Nacht, die Natur erwachte zum Leben und eine spektakuläre Landschaft kam zum Vorschein.

Während wir das Schauspiel des Sonnenaufgangs bewunderten, bereitete unser Guide ein ganz besonderes Frühstück vor. Es gab starken Kaffee und weiche Brötchen mit warmer, im Vulkan gebackener Banane. Dazu Eier, ebenfalls in der heißen Lavaerde gekocht. Obwohl das Essen etwas nach Schwefel schmeckte, war es ein unglaubliches Erlebnis. Wann hat man schon mal die Chance auf dem Gipfel eines aktiven Vulkans zu frühstücken?

Auf Bali tauchte ich ein in die faszinierende balinesische Kultur mit ihren traditionellen Festen, Tänzen, Mythen, Göttern und Dämonen. Ich besuchte bunte Tempel, in denen gebetet und gesungen wurde und bekam ein Gefühl für die Religion der Einheimischen, die auf der ganzen Welt einzigartig ist. Ich ließ mich voll und ganz auf den Spirit dieser wundervollen Insel ein und fühlte mich, als sei ich mit einem Zauber belegt worden, der mich bis heute nicht losgelassen hat. Noch immer rieche ich den Duft der Räucherstäbchen und sehe die Opfergaben, kleine hellgrüne Schälchen aus geflochtenen Bananenblättern, gefüllt mit Blüten, Reis und Süßigkeiten, vor meinem geistigen Auge am Straßenrand liegen.

———————

Auf Reisen kommt es vor, dass wir uns unsterblich in einen Ort verlieben, an dem wir uns vom ersten Moment an geborgen fühlen, an dem wir vielleicht sogar länger bleiben, als wir es eigentlich geplant hatten oder wohin es uns immer wieder zurückzieht. Um einen solchen Seelenort zu finden, musst du dich voll und ganz auf deine Reise einlassen. Es reicht nicht, mit der Erwartung aufzubrechen, dass eine Reise uns verändert oder glücklich macht, denn es macht uns nicht gleich zu einem neuen Menschen, nur weil wir an unserem Heimatort in ein Flugzeug steigen und an einem exotischen Ort, vorzugsweise am anderen Ende der Welt, wieder aus. Du bist immer noch du selbst mit all deinen Emotionen, deinen Empfindungen, deiner Vorgeschichte. Und das ist auch gut so, denn eine Reise kann immer nur dann Spuren in dir hinterlassen, wenn du es zulässt.

ICH GLAUBE, DER **GLÜCKLICHSTE** MOMENT IM LEBEN EINES MENSCHEN IST EINE ABREISE IN **UNBEKANNTE LÄNDER.**

SIR RICHARD FRANCIS BURTON

Einem herzzerreißenden Abschied von Bali folgten drei mindestens genauso aufregende Monate in Thailand, in denen ich die Woche über die Schulbank der Rangsit University drückte und an freien Tagen reiste. Gegen Ende des Semesters fragten mich viele, wie es nun weitergehen würde, doch ehrlich gesagt hatte ich keinen blassen Schimmer. Was ich wusste: Ich würde nicht nach Deutschland zurückkehren und dort weitermachen, wo ich aufgehört hatte.

Der Druck von außen wurde größer und die Zeit arbeitete gegen mich. Man erwartete von mir, dass ich mich nun für einen Lebensweg entschied und einen Beruf wählte. Am besten einen soliden, einen mit Zukunft, der viel Geld bringen würde und den ich für den Rest meines Lebens ausüben konnte. Schließlich war ich bald eine ausgebildete Managerin. Die Chefetage rief. Karriere starten, Entscheidungen treffen, Verantwortung tragen, Aufgaben delegieren, Meetings einberufen. Zehn Jahre später Burnout und dann irgendwann den langersehnten Ruhestand erreichen, nur um festzustellen, dass meine Rente bei weitem nicht zum Überleben reicht, geschweige denn dazu, um endlich die Dinge zu tun, die ich schon immer machen wollte: nach Südafrika, Australien, Indien und Hawaii reisen, den Alpe-Adria-Trail wandern, eine dritte Sprache lernen und ein Buch schreiben. Ob ich dazu überhaupt noch in der Lage sein werde, wenn ich alt und grau, müde und abgeschafft bin?

———————————

Während ich auf dem unbequemen Quietschbett in meiner Studentenunterkunft lag und über meine Zukunft nachdachte, steckte ich bereits mitten in jener Sinnkrise, die uns, der Generation Y, ständig zum Vorwurf gemacht wird. Heillose Überforderung mit dem Erwachsenwerden, Entscheidungsschwäche, mangelnde Zielstrebigkeit und viel zu viele Möglichkeiten, nicht nur in der Arbeitswelt, sondern auch im Alltag. Die Anzahl vorstellbarer Lebensentwürfe erschien mir schlicht und ergreifend zu groß. Wie sollte ich wissen, was ich wirklich will? Was für andere nach bescheuerten Erste-Welt-Luxus-Problemen klang, war für mich eine ernste Sache. Ich mochte nicht weiter im

Hamsterrad unserer Gesellschaft mitlaufen und das tun, was andere von mir erwarteten. Mit einer abgeschlossenen Ausbildung und einem Studium im Medienbereich musste doch etwas Sinnerfüllenderes drin sein als ein Bürojob, der mir Aufstiegschancen und Sicherheit versprach. Weniger Status und Prestige, dafür mehr Selbstverwirklichung, weniger Kontrolle und altbackene Arbeitszeitmodelle, dafür mehr Flexibilität, Kreativität und Freiheit. Das wollte ich. Eine Arbeit, die zu meinem Leben passte.

Bevor ich mich weiter mit der Sinnsuche beschäftigte, bewarb ich mich um eine Stelle auf einem Kreuzfahrtschiff. Geld verdienen und gleichzeitig die Welt bereisen, meine Freizeit dort verbringen, wo andere Urlaub machen und den Ernst des Lebens noch eine Weile hinauszögern, das klang nach einer guten Zwischenlösung.

Aus der Zwischenlösung wurden vier Jahre, in denen ich zunächst als Managerin des Foto- und Filmteams, später im Bereich Edutainment auf den Weltmeeren arbeitete. Mit 800 Crewmitgliedern aus 60 verschiedenen Nationen lebte ich auf engstem Raum zusammen und kein Arbeitstag glich dem anderen.

Auch wenn ich von der Selbstverwirklichung im Job meilenweit entfernt war, gestaltete ich zumindest meine Mittagspausen ganz nach meinen Vorstellungen. Ich flog im Wasserflugzeug über Dubai, fuhr im Jeep durch die Wüste Abu Dhabis, erlebte den Geirangerfjord in all seiner faszinierenden Schönheit und besuchte mehrere Male das Nordkap. Ich sah eine Ballettaufführung von Schwanensee in St. Petersburg, badete im Toten Meer, besuchte die Klagemauer in Israel, schlenderte über die farbenfrohen Souks in Bahrain und schipperte auf einem Holzboot über den Nil.

Das Geld, das ich an Bord verdiente, legte ich beiseite, denn zwischen meinen Einsätzen auf dem Kreuzfahrtschiff, bereiste ich die Welt als klassischer Backpacker auf eigene Faust und war ständig unterwegs.

Eine Zeit lang erfüllte mich dieser Lebensstil, doch auf die Dauer bekam die glänzende Fassade tiefe Risse. Das Schiffsleben machte mich krank. Sieben Tage die Woche war ich im Einsatz, monatelang am Stück. Urlaub, Wochenenden und Feiertage gab es auf hoher See nicht. Auch die Wohnsituation in einer telefonzellengroßen Kabine ohne Fenster, gemeinsam mit anderen Kolleginnen, zehrte an meinen Kräften. Klimaanlage statt Frischluft und wenn es menschlich nicht passte, wurde das enge Zusammenleben ganz schön belastend.

Und dabei konnte ich mich schon glücklich schätzen, zu der mittleren Stufe der Drei-Klassen-Hierarchie an Bord zu gehören. Vielen Crewmitgliedern ging es um einiges schlechter als mir. Sie arbeiteten im Maschinenraum oder in der Spülküche, schufteten oft mehr als zwölf Stunden am Tag, sahen kaum Tageslicht und kamen so gut wie nie von Bord. Ihren Lohn schickten sie ihren Familien, die voller Sehnsucht auf den Philippinen oder in Nicaragua auf das einmal im Jahr stattfindende Wiedersehen warteten.

———————

Meine Gefühle, Eindrücke und Erlebnisse schrieb ich nieder. Das war schon seit Teenagerzeiten meine Art, Erlebtes zu verarbeiten und Momente für die Ewigkeit zu konservieren. Während meinen Einsätzen auf den Kreuzfahrtschiffen und auf meinen Reisen in der Zeit dazwischen, veröffentlichte ich meine Geschichten und Bilder zum ersten Mal online. Anfangs nur für Freunde und Familie, später auf meinem Blog globusliebe.com. 2014 entwickelte sich der Blog zu einer Plattform für Reisende und fand immer mehr Menschen, die sich von meinen Erzählungen, Fotos und Reisetipps mitreißen und zu eigenen Reisen inspirieren ließen.

Ein Jahr später stand ich vor der großen Entscheidung: Globusliebe oder Kreuzfahrtschiff? E-Mails und Lesernachrichten, die ersten Kundenanfragen und Aufträge nahmen plötzlich so viel Zeit in Anspruch, dass ich meiner Sieben-Tage-Woche an Bord nicht mehr gerecht werden konnte. Außerdem zahlte ich als Crewmitglied 60 Cent pro Minute für eine schlechte Internetverbindung. Nicht die beste Voraussetzung für einen Reiseblog, der gerade dabei war durchzustarten.

Nach langem Hin und Her, mehreren Kündigungen und Neuanfängen, die meiner tiefen Hassliebe zur Seefahrt geschuldet waren, fasste ich einen endgültigen Entschluss und hing den Job ein für alle Mal an den

Nagel. Ohne ausgereiften Business-Plan in der Tasche, ohne nennenswerte Rücklagen und ohne einen Gründungszuschuss zu beantragen, wagte ich den Sprung in die Selbstständigkeit und machte *globusliebe* zu meinem ortsunabhängigen Unternehmen, in das ich jede Sekunde meiner Zeit steckte. Was ich während meiner Ausbildung beim Zeitungsverlag, im Studium in Holland und Südostasien und bei meiner Arbeit auf dem Schiff gelernt hatte, konnte ich nun perfekt miteinander kombinieren. Die Puzzleteile fügten sich zu einem Gesamtbild zusammen. Plötzlich ergab alles einen Sinn.

Seitdem verdiene ich mein Geld mit dem Schreiben, Fotografieren und den sozialen Medien. Sicher ist nicht alles rosarot in meinem Leben: Es gab Startschwierigkeiten, Existenzängste, Zweifel, Rückschläge und Enttäuschungen, falsche Freunde und knifflige Situationen, die mir schwere Entscheidungen, Risiken und eine große Portion Mut abverlangten. Mein Papa sah mich zwischenzeitlich schon unter einer Brücke schlafen, was bei einem Blick auf mein Konto damals gar nicht abwegig erschien.

Doch als ich im März 2017 in der Wildnis Südafrikas stand, sprachlos in den funkelnden Nachthimmel blickte und dem Safari-Guide bei der Deutung der Sternbilder zuhörte, die ausschließlich auf der Südhalbkugel zu sehen waren, da wusste ich es plötzlich ganz genau: Ich habe das Richtige getan. Ich bin ins kalte Wasser gesprungen, habe die Erwartungen anderer abgelegt und mir ein Leben aufgebaut, das mich glücklich macht und mit Sinn erfüllt. Dieses Mal brenne ich für meinen Job, nicht auf Sparflamme, sondern wie ein loderndes Feuer mit kreativen Ideen, Visionen und Ehrgeiz. Ich habe meine Leidenschaften zum Beruf und *globusliebe* zu meinem Lebensprojekt gemacht. Ich bin frei und unabhängig, kann meine Arbeits- und Freizeit selbst einteilen – auch wenn das bedeutet, dass ich nun viel mehr arbeite, als ich es je in einem Angestelltenverhältnis getan habe. Aber das ist okay, denn ich liebe meine Arbeit. Sie ermöglicht es mir, mich mit den Dingen zu beschäftigen, die mir Spaß machen, viel Zeit in der Natur zu verbringen, mich weiterzubilden, faszinierende Menschen kennenzulernen, Geld zu verdienen und zu reisen.

Heute, mit Erscheinen dieses Buches ziemlich genau zehn Jahre nach meiner Kündigung beim Zeitungsverlag, steht für mich fest: Es war die beste Entscheidung meines Lebens und ich bereue es keine Sekunde, dass ich damals den Mut hatte, meinen sicheren Job hinzuschmeißen und mein Leben in die Hand zu nehmen, anstatt aufs Rentenalter zu warten und meine Träume auf später zu verschieben.

INDEM MAN LOSLÄSST,
GESCHIEHT ALLES WIE
VON SELBST.
DIE WELT WIRD
GEMEISTERT
VON JENEN, DIE LOSLASSEN.

LAOTSE

DORTHIN REISEN, WO NIEMAND HINGEHT

MIT MARTIN DRUSCHEL

Tom Schinker und Martin Druschel sind echte Abenteurer und Entdecker, die es sich zum Ziel gesetzt haben, die abgelegensten Orte der Welt zu bereisen. Da sie keine Lust auf Massentourismus und Standardtouren aus dem Katalog haben, kamen sie auf die Idee, eigene Abenteuertrips zu organisieren und gründeten Wandermut.

Wie entstand die Idee zu Wandermut?
Eines Tages erfuhren Tom und ein russischer Freund von ihm von einer abgelegenen Huskyfarm in Russland. Ihre Neugierde war geweckt und so kontaktierten sie die Farm, um eine einzigartige Huskytour zu organisieren. Sich irgendwo auf einen Schlitten zu setzen und rumkutschieren zu lassen wie bei den meisten touristischen Anbietern schien ihnen zu langweilig. Sie wollten ihr eigenes Rudel führen und eigenständig navigieren. Zu diesem Zeitpunkt hatten weder die beiden noch die Huskyfarm Erfahrung mit solchen Touren. Als sie anfingen ihre Freunde zu überreden, mitzukommen, waren die meisten Reaktionen: »Was? Nach Russland? Im Winter? Ihr seid doch verrückt!«

So stellten sie ihren Plan in diversen Facebook-Gruppen vor und fanden schnell enormen Zuspruch unter anderem von mir. In nur wenigen Tagen war das Team für eine Pioniertour zusammen. Die erste Huskytour war ein voller Erfolg. Dabei merkten wir schnell, dass es für uns das Größte ist, mit neuen und interessanten Menschen an entlegene Orte dieser Welt zu reisen und sich gemeinsam den dortigen Herausforderungen zu stellen. Als Belohnung gibt es nicht nur neue Freundschaften, sondern vor allem Erinnerungen, die uns für den Rest des Lebens prägen werden.

Von da an verlief alles in einer rasanten Geschwindigkeit. Alte Kontakte, die wir über die Zeit aufgebaut hatten, eröffneten ungeahnte Möglichkeiten und neue Abenteuer konnten geplant werden. Mein persönlicher richtiger Einstieg kam mit der Organisation unserer Sahara-Expedition, nachdem ich in Russland Blut geleckt hatte. Als Logo wird uns daher der Husky auch in Zukunft an das allererste Abenteuer erinnern. Er verkörpert das, wofür wir stehen wollen:

Nämlich dafür, die Courage aufzubringen, um etablierte Pfade zu verlassen und neue Wege einzuschlagen.

Wie entscheidet ihr euch für ein Reiseziel und welche Kriterien spielen bei der Auswahl eine Rolle?

Wir orientieren uns bei der Auswahl unserer Ziele nicht an Ländern oder Orten, die wir besuchen wollen. Wir wollen so ziemlich überall hin. Vielmehr halten wir nach interessanten Persönlichkeiten Ausschau, die schon immer ein bestimmtes Ziel hatten, aber noch nie jemanden gefunden haben, mit dem sie den Plan umsetzen können. Wenn uns das Ziel überzeugt, legen wir los und stellen ein Team auf. Außerdem wollen wir unserem Motto treu bleiben: »Wir gehen dahin, wo niemand hingeht.« Sprich, an Orte, an denen definitiv kein Massentourismus herrscht. Wir arbeiten immer mit lokalen Leuten (Nomaden, Einheimischen, die in Dörfern ohne Strom und flie-

ßend Wasser leben oder einsamen Huskyfarmbesitzern) zusammen. Uns ist es wichtig, einen tieferen kulturellen Berührungspunkt bei unseren Zielen zu haben. Nicht zuletzt wollen wir aber auch eine Herausforderung. Wir laufen mit 30-Kilo-Rucksäcken durch den Dschungel, auf selbstgehackten Pfaden. Anstrengung und Gefahr sind also ebenfalls elementare Kriterien, die mit unseren Vorhaben einhergehen. Es MUSS ein echtes Abenteuer sein. Genau diese Punkte sind es, die eine Reise mit uns zu einem unfassbaren und wunderschönen Erlebnis machen. Wir haben unheimlich viel Spaß auf unseren Touren.

Wie würdest du eure Zielgruppe beschreiben?

Unsere Teammitglieder sind etwa zu 60:40 männlich und weiblich und zwischen 25 und 35 Jahren alt. Der Beruf spielt dabei keine Rolle. Was alle eint, ist die Einstellung zu neuen Erfahrungen. Platt gesagt ist unseren Teilnehmern eine neue und individuelle Erfahrung wichtiger als ein neues iPhone oder ein schickes Auto. Ihnen sind genau die oben beschriebenen Kriterien wichtig: Sie wollen ein echtes, unverfälschtes Abenteuer erleben; eines, das nicht in einem Katalog zu finden ist und das nicht schon drei ihrer Freunde gemacht haben.

Was unterscheidet eure Reisen von einem normalen Urlaub?

Im Grunde sind unsere Reisen eine Aneinanderreihung klassischer Reisemängel. Das Essen ist schlecht, die Unterkünfte sind unangenehm, es ist entweder zu kalt, zu heiß, zu trocken oder zu nass. Das Risiko ist ein dauerhafter Begleiter unserer Touren und jeder, der uns begleitet, muss mit anpacken. Man wird nicht an die Hand genommen. Jedem unserer Teilnehmer ist klar: Wenn er mit uns in den Dschungel, in die Wüste oder in die russische Tundra läuft, muss er es aus eigener Kraft wieder herausschaffen. So mancher musste nach wenigen Stunden oder Tagen eingestehen, dass es eine Nummer zu groß für ihn ist. Neben all dem Spaß und der Aufregung, die unsere Abenteuer mit sich bringen, gibt es auch immer einen ernsten Kern, der allen bewusst ist.

Nach unseren Reisen braucht man Urlaub.

Was macht für dich den Reiz aus, abgelegene Orte zu besuchen?

Für mich selbst ist es die Aufregung, immer wieder etwas Neues zu entdecken. Ein bisschen beneide ich die historischen Entdecker wie Kolumbus oder Shackleton, die noch so viele weiße Flecken auf der Landkarte befüllen konnten. Es ist ein unbeschreib-liches Gefühl zu wissen, dass lange oder nie jemand zuvor an dem Ort war, an dem du gerade stehst. Auch der Weg und manchmal die Tortur dorthin haben ihren eigenen Reiz. Jedes Mal kommt man auf andere Art und Weise an seine Grenzen. Körperlich wie psychisch. Nicht zuletzt sind es aber auch die Menschen, die Teamkameraden, mit denen man durch dick und dünn geht. Die Dynamik in jedem Team ist anders und ist die ganz spezielle Würze bei jedem unserer Trips.

Was war dein schönstes Erlebnis auf Reisen?

Mein persönlich schönstes und eindrucksvollstes Erlebnis war der Tag im Amazonas-Regenwald, an dem wir mit zwei unserer besten Guides den Trail für den nächsten Tag mit Macheten freigelegt haben. Der Rest des Teams war an diesem Tag extrem angeschlagen. Unser Camp war auf knapp 3.000 Metern Höhe in den Anden, es regnete in Strömen und war kalt. Einige hatten eine mittelschwere Bronchitis.

Als wir einen Bergkamm erklommen, stießen wir auf Überreste eines Rundhauses der seit 500 Jahren ausgestorbenen Chachapoya-Indianer. Besser noch – es waren über dreißig Ruinen von Rundhäusern. Da es schon dunkel wurde, mussten wir uns auf den Rückweg machen. Einige Kilometer vor dem Camp, es war schon stockdunkel, kam der Mond hinter den Wolken hervor und strahlte den Nebel an. Die Kulisse war unbeschreiblich. Über 600 Meter hohe Klippen am Kondorsee wurden im Nebel angestrahlt. Wir machten das Licht aus und liefen die letzten Kilometer im Stockdunkeln zurück. In dem Moment überkommt einen ein Mix aus Emotionen – Ehrfurcht, die Erkenntnis, wie klein wir Menschen sind, und Dankbarkeit, einen so einmaligen Tag erlebt zu haben, auch gegenüber unserer tollen Guides.

Hast du ein Lieblingsland oder -ort auf dieser Welt?

Bisher hat Peru den ersten Platz. Aber ich bin auch wirklich gerne zu Hause in Köln.

Würdest du sagen, dass Reisen glücklich macht und wenn ja, warum?

Aus vollem Herzen, ja. Beim Reisen schaut man zwangsläufig über den eigenen Horizont. Sei es der geografische, der kulturelle oder der zwischenmenschliche. Man erlebt Neues und vermeidet den Stillstand. Neue Eindrücke, neue Erlebnisse und manchmal auch neue Erkenntnisse sind es, die den Reiz ausmachen.

Was bedeutet Reisen für dich?

Reisen bedeutet, aus seinem bekannten Umfeld auszubrechen, sich in neue Länder, Gebiete oder Orte aufzumachen und Neues zu erleben. Für den einen ist es etwas sehr Erfüllendes, Aufregendes und Erstrebendes. Für den anderen wiederum ist es nichts. Denn in jedem Fall verlässt man seine Komfortzone. Bei der einen Reise mehr als bei der anderen. Wer viel reist, sieht viel. Wer viel sieht, denkt mehr nach. Wer mehr nachdenkt, kann sich eine echte Meinung bilden.

Was war dein wichtigstes Lernerlebnis auf Reisen?

Das wichtigste Lernerlebnis ist, dass alle Menschen auf so vielen Ebenen gleich sind. Sicher gibt es signifikante Unterschiede, aber im Kern teilen wir alle ähnliche Wünsche.
Wenn sprachliche Barrieren wegfallen, merkt man es deutlicher. Man lacht über die gleichen dummen Witze oder diskutiert, wenn auch oft kontrovers.

Weitere Infos unter
https://wandermut.de

NUR WER UMHERSCHWEIFT, FINDET NEUE WEGE.

NORWEGISCHES SPRICHWORT

AUSREDEN, DIE DICH VOM AUFBRECHEN ABHALTEN
(UND ÜBERZEUGENDE GEGENARGUMENTE)

_____

Ich habe kein Geld zum Reisen.

Eine Reise ist nicht zwingend mit großen Kosten verbunden. Hast du kein Startkapital, möchtest aber trotzdem die Welt erkunden, kannst du das Reisen zum Beispiel mit dem Arbeiten verbinden. Wwoofing (World Wide Opportunities on Organic Farms) oder Work & Travel bieten dazu jede Menge Möglichkeiten, bei denen du unterwegs entweder Geld verdienen oder zumindest gegen Kost und Logis arbeiten kannst. Bevor du eine längere Reise planst, lohnt es sich außerdem deine Ausgaben zu Hause zu minimieren und Prioritäten anders zu verteilen. Du kannst zum Beispiel dein Kaufverhalten ändern, deinen Konsum einschränken, öfters mal selber kochen anstatt auswärts zu essen oder aussortierte Gegenstände, die schon seit Ewigkeiten im Keller stehen, weiterverkaufen. So kannst du jede Menge Kosten einsparen und dir in kürzester Zeit ein Reisebudget aufbauen.

Ich kann doch nicht einfach alles hinwerfen.

Wer sagt denn, dass du zum Reisen gleich alles hinwerfen musst? Und was ist schon mit ALLES gemeint? Du musst dein Leben nicht komplett über den Haufen werfen, um reisen zu können. Oft reichen schon ein paar kleine Veränderungen aus, mit denen du dir ganz neue Möglichkeiten in dein Leben holen kannst.

Ich kann meinen sicheren Job nicht kündigen.

Seine Träume zu verwirklichen und aufzubrechen bedeutet nicht, sich gegen eine Karriere zu entscheiden. Viele Arbeitgeber bieten die Möglichkeit, eine Auszeit in Form eines Sabbaticals oder von unbezahltem Urlaub an. So kannst du nach der Reise zu deiner Stelle zurückkehren.

Ich kann mir keine Lücke im Lebenslauf erlauben.

Eine Lücke im Lebenslauf wird heutzutage nicht mehr als negativ angesehen. Im Gegenteil, ein Auslandsaufenthalt zeugt von Offenheit, Organisation, Flexibilität und interkultureller Kompetenz, einem wichtigen Einstellungskriterium für viele Personalchefs.

Ich finde niemanden, der mit mir reisen möchte.

Aus eigener Erfahrung kann ich sehr gut verstehen, dass dir das Alleinreisen Angst macht. Dass du niemanden findest, der sich deinen Reiseplänen anschließt, kann jedoch das Beste sein, was dir passieren kann.

Ich habe Angst.

Angst ist eine normale Sache, für die du dich nicht schämen musst. Jeder, der behauptet, er hätte keinerlei Angst oder Zweifel gehabt, bevor er das erste Mal alleine in die Welt aufgebrochen ist, sagt nicht die ganze Wahrheit. Den ersten Schritt zu wagen erfordert Mut, aber du wirst schnell sehen, wie gut es sich anfühlt. Und wenn doch alles scheiße läuft? Dann komm einfach zurück nach Hause. Was soll schon passieren? Abbrechen geht immer.

Ich warte auf den richtigen Zeitpunkt.

Vertrödele dein Leben nicht mit Warten. Den richtigen Zeitpunkt gibt es nicht, genauso wie es keine Garantie für Glück gibt. Du wirst immer Ausreden dafür finden, dass die Zeit gerade unpassend ist. Der richtige Zeitpunkt ist jetzt!

Ich darf mir gar nicht erlauben, unzufrieden zu sein.

Wer realisiert, dass er unzufrieden ist, sei es im Job, in der Beziehung oder im Alltag, denkt vielleicht über eine Auszeit in Form einer längeren Reise nach. In dieser Phase kommen meistens Gewissensbisse auf und du wirst dich vielleicht sogar fragen, was du dir eigentlich erlaubst. Andere Menschen haben viel ernstere Probleme, erkranken an Krebs, haben zu wenig Geld zum Leben und du sorgst dich um eine Reise? Solche Gedanken sind völlig normal. Mir ging es ganz genauso. Sie zeigen dir, wie wichtig es ist, Träume zu leben, bevor dich diese »ernsteren Probleme« selbst einholen.

Die Ungewissheit über das Danach macht mir Sorge.

Du fragst dich, was nach der Reise passiert? Wo wirst du arbeiten? Wo wirst du wohnen? Wie findest du wieder Anschluss? Diese Sorgen kannst du getrost beiseiteschieben und ihnen vor deiner Reise keine Beachtung schenken. Es ist gut, einen Plan B zu haben, aber glaub mir, du wirst dich während einer längeren Reise sehr verändern. Vielleicht willst du dein »altes« Leben gar nicht mehr genau so zurück, wie du es verlassen hast. Du wirst mit ganz neuen Ideen und Plänen nach Hause kommen. Vielleicht willst du danach in einem anderen Land wohnen, einen neuen Berufsweg einschlagen oder hast unterwegs jemanden kennengelernt? Alles ist möglich. Während oder nach der Reise kannst du dir immer noch Gedanken um all das machen, was danach kommt.

EIN NEUES
LEBEN
KANN MAN NICHT
ANFANGEN, ABER
TÄGLICH
EINEN NEUEN TAG.

HENRY DAVID THOREAU

LOSLASSEN & ANNEHMEN

Ein *Geschenk* des Lebens

Warum das Alleinreisen
eine bereichernde *Erfahrung*
sein kann (aber nicht muss)

---

10 Tipps für deine
erste *Solo*-Reise

Erkenntnisse fürs Leben –
Was du auf *Reisen*
lernen kannst

EIN GESCHENK DES LEBENS

Mein Herz pochte wild, als ich das Flughafengebäude mit einem viel zu schweren Rucksack auf dem Rücken verließ. Im Gepäck hatte ich Unmengen an Kleidung für sämtliche Temperaturunterschiede, Wanderschuhe, viel zu viele Bücher, eine gewaltige Portion Neugier und einen großen Traum, den ich verwirklichen wollte: den Traum vom Alleinreisen.

Ich wollte wissen, wie es sich anfühlt, auf mich alleine gestellt zu sein, wollte mir selbst beweisen, dass ich es schaffe. Und vielleicht wollte ich auch vor meinen Problemen weglaufen. Mein Ziel sollte möglichst weit weg sein. Was passte da besser als Neuseeland, das andere Ende der Welt? Da stand ich nun also. Alleine. Ohne Plan. Ohne Enddatum. Und ohne Rückflugticket. Meinen Job auf dem Kreuzfahrtschiff hatte ich vorerst (mal wieder) beendet. Ob ich irgendwann zurückkehren würde, stand in den Sternen.

Von nun an würde ich selbst entscheiden, wohin ich gehe, wie lange ich bleibe und was ich tue und niemand würde meine Entscheidungen beeinflussen. Ich wollte meinem Herzen folgen. Dass mein Herz etwas ganz anderes wollte, ahnte ich zu diesem Zeitpunkt noch nicht.

Die ersten Tage nach meiner Ankunft in Auckland fühlten sich seltsam an. Anstatt auszuschlafen und mich treiben zu lassen, füllte ich meine Tage von früh bis spät mit Programm und erkundete die Umgebung. Vieles unternahm ich alleine, das meiste jedoch mit einer Freundin aus Deutschland, mit der ich vor meiner Abreise Kontakt aufgenommen hatte. Zuhause hatten wir uns jahrelang nicht gesehen. Nun arbeitete sie bereits seit mehreren Monaten als Au-Pair. Sie lebte bei einer Gastfamilie in Orewa, einem hübschen Strand-Vorort von Auckland und kümmerte sich um drei kleine Kinder und einen Hund.

Durch sie lernte ich andere Au-Pair-Mädels kennen. Wir wurden eine kleine Clique, Auckland meine Basis. An den Wochenenden feierten wir manchmal in den Pubs und Clubs der K'Road oder saßen mit einer Flasche Wein im heißen Whirlpool der Gastfamilie und führten stundenlange Gespräche. Am liebsten aber unternahmen wir Ausflüge mit dem Auto meiner Freundin. Es war eine tolle Zeit. Wir fuhren zum Mount Eden, einem grasbewachsenen Vulkankrater, der einen fantastischen Ausblick auf die Stadt bietet, wanderten durch die unberührten Buschlandschaften des Waitākere Ranges Regional Park, liefen barfuß am Orewa Beach entlang und nahmen die Fähre zur unbewohnten Vulkaninsel Rangitoto, die über und über mit schwarzer Lava bedeckt war.

Einmal fuhren wir fast 300 Kilometer zum Ausgangspunkt des Tongariro Alpine Crossings, das als schönste Tageswanderung Neuseelands gilt. Auf über 19 Kilometern führte uns der Weg durch bizarre Mondlandschaften und kühle Farnwälder, vorbei an getrockneten Lavaströmen und an den türkisblauen Emerald Lakes, die wie Rohdiamanten in der Sonne glitzerten. An diesem Wochenende besuchten wir auch den Lake Taupo, den größten See des Landes, der, wie fast alles in Neuseeland, durch einen gewaltigen Vulkanausbruch entstand. Auf einem Segelschiff ließen wir uns über das tiefblaue Wasser in den Sonnenuntergang gleiten. Ein kühler Wind ließ uns bibbern, Sekt wärmte uns von innen. Ich war glücklich.

Am nächsten Morgen starteten wir das 19,4 Kilometer lange Tongariro Alpine Crossing. Zwischen getrockneten Lavaströmen führte uns der Weg durch bizarre Landschaften, vorbei an den türkisblauen Emerald Lakes, Kraterseen, die wie Rohdiamanten in der Sonne glitzerten, bis hin zu kühlen, sattgrünen Farnwäldern. Es war atemberaubend im wahrsten Sinne des Wortes.

———————

Am Montagmorgen begann für die Mädels wieder der Alltag als Nanny. Sie kochten und putzten, fuhren die Kinder zur Schule und erledigten die Einkäufe. Ich saß währenddessen in meinem Hostelzimmer und wusste nichts mit mir anzufangen. Ich ließ mich alleine durch Auckland treiben, lief die breite Queen Street auf und ab, saß am Hafen und beobachtete Schiffe. Das Arbeiten auf den Meeren fehlte mir. Alleine und ohne richtige Aufgaben hatte ich es vollkommen verlernt, einfach mal nichts zu tun und das Leben im Hier und Jetzt zu genießen.

Traurig verkrümelte ich mich mit einem Buch in mein Stockbett im Schlafsaal. Die Matratze war dünn und durchgelegen. Ich spürte jede einzelne Eisenstange des Bettgestells an meiner Wirbelsäule. Unter mir schnarchten, furzten und röchelten meine Mitbewohner und im Nebenraum stritt sich ein Pärchen aus Argentinien in solch einer Lautstärke, dass ich jedes Wort verstehen konnte – wenn auch nur akustisch. An solchen Abenden hatte ich den tiefen Wunsch, nicht mehr alleine zu reisen. In Gesellschaft der Au-Pair-Mädels ging es mir gut, doch alleine fühlte ich immer deutlicher eine klaffende Leere. Auckland war eine Art Heimat für mich geworden und doch wurde ich mit dieser Stadt irgendwie nicht warm. Es war an der Zeit, weiterzuziehen.

Jeder Tag war ein Abenteuer. Ein Highlight jagte das nächste. Auf einem schwarzen Gummireifen ließ ich mich beim Black Water Rafting durch Stromschnellen reißen, staunte über Milliarden leuchtender Glühwürmchen in den Waitomo Caves, schwamm mit frei lebenden Delfinen im Meer, besuchte die winzigen Häuser in Hobbiton, dem Hobbitdorf aus *Der Herr der Ringe*, und unternahm einen Ausflug zu den blubbernden und nach faulen Fiern stinkenden Schlammtümpeln des Thermalwunderlandes Wai-O-Tapu. All dies waren hervorragende Beschäftigungsmaßnahmen, die mich erfolgreich von dem ablenkten, was ich besser mal getan hätte: mich mit mir selbst zu beschäftigen.

Am nächsten Morgen, alle anderen schliefen noch, schlich ich mich aus dem Miefzimmer. Ich zog die Tür hinter mir zu, verließ die Stadt und die Mädels und wollte mich von nun an alleine durchschlagen. Alleine reisen – das war ja auch der Plan gewesen. Mehrere Wochen bereiste ich die Nordinsel Neuseelands, packte jeden Tag meinen Rucksack ein und aus und zog von Ort zu Ort. Große Strecken legte ich entweder per Nakedbus zurück oder stellte mich an den Straßenrand und trampte. Noch so eine Sache, die ich schon immer einmal ausprobieren wollte. Es klappte ganz gut. Bis auf einen bekifften Wildschweinjäger mit blonden Engelslöckchen, der mich mitten im Nirgendwo aus dem Auto warf und zum Teufel wünschte, machte ich gute Erfahrungen. Die Neuseeländer waren aufgeschlossen und an Tramper gewöhnt. Viele Kilometer nahmen sie mich in ihren Autos mit, erzählten mir ihre Lebensgeschichten, luden mich zu sich nach Hause ein und gaben mir wertvolle Tipps.

Jeden Tag lernte ich neue Menschen kennen, im Bus, im Hostel, auf der Straße. Die Gespräche waren immer die gleichen: Wo kommst du her? Wie lange bist du schon hier? Was hast du schon gesehen und wo willst du noch hin? Nicht, dass es wirklich jemanden interessiert hätte, aber es war halt der obligatorische Fragebogen, den es bei jedem neuen Gesprächspartner durchzuackern galt. Die meisten Backpacker waren deutlich jünger als ich, hatten seit wenigen Wochen das Abitur in der Tasche und waren hauptsächlich auf der Suche nach der Party ihres Lebens. Da ich die Party meines Lebens bereits mehrere Jahre lang exzessiv gefeiert hatte und nicht nach Neuseeland gekommen war, um mir das Hirn wegzusaufen, kapselte ich mich immer häufiger ab.

———————————

Abends saß ich in meinem Bett und fühlte mich einsam. Oft fragte ich mich, ob es die richtige Entscheidung war, alleine loszuziehen. Mir war zum Heulen zumute. Hatte ich etwa Heimweh?

Zum Glück lernte ich zwischendurch auch immer mal wieder Reisende in meinem Alter kennen, mit denen ich eine wunderbare Zeit erlebte. Eine von ihnen war Steffi. Ohne uns jemals zuvor gesehen zu haben, verabredeten wir uns über eine Facebook-Gruppe in Napier. Wir mieteten uns ein Auto und fuhren die raue Ostküste hinauf bis zum Cape Reinga. Die Landschaft glich einem Ölgemälde und weit und breit war keine Menschenseele zu sehen. Steffi und ich gönnten uns meistens den Luxus und buchten ein Doppelzimmer ganz für uns alleine. Wir saßen stundenlang auf dem Bett oder auf der Dachterrasse des Hostels, wir kochten zusammen, tranken Wein und erzählten.

Doch jedes Mal, wenn ich einen Menschen in mein Herz geschlossen hatte, trennten sich unsere Wege. Steffis Urlaub neigte sich dem Ende zu. Sie musste zurück nach Deutschland. Mit allen anderen erging es mir ähnlich. Alle waren nur zum Urlaub nach Neuseeland gekommen und hatten maximal drei Wochen Zeit. Im meinem Alter (Ich war damals 27) schien es kaum Menschen zu geben, die länger durch Neuseeland reisten. Hatten sie denn alle ihre Träume schon an den

Nagel gehängt, saßen jetzt in ihren Büros und reisten nicht mehr, weil der Ernst des Lebens begonnen hatte? Oder war ich diejenige, bei der irgendwas gewaltig schief lief? Sollte ich vielleicht längst einen anderen Sinn im Leben gefunden haben, als planlos durch die Gegend zu reisen und vor meinen Problemen wegzulaufen?

Als ich mich von Steffi verabschiedete, war er wieder da, dieser stechende Schmerz in meiner Brust, der mich jedes Mal in ein tiefes Loch fallen ließ. Ich fühlte mich innerlich zerrissen. Plötzlich hatte ich es so satt, wurzellos zu sein, aus dem Rucksack zu leben, immer weiterzuziehen und niemals anzukommen. Warum tue ich mir das eigentlich an? Warum kaufe ich nicht einfach ein Rückflugticket und verbuche dieses Abenteuer als gescheitert? Was will ich mir beweisen?

Zum Glück gab ich nicht auf, sondern reiste weiter. Ich nahm die Fähre auf die Südinsel, die mit solchen Naturschönheiten gesegnet war, dass ich mich schon bei der Ankunft Hals über Kopf in sie verliebte. Gletscher, Fjorde, Berge und Wasserfälle ließen mein Fotografenherz höher schlagen. Ich schnürte meine Wanderschuhe und lief tagelang durch die Natur. Mir wurde bewusst, warum die Neuseeländer ihr Land »God's own country« nennen.

Meinen Seelenort fand ich am türkisfarbenen Lake Tekapo, der so intensiv leuchtete, dass es beinahe surreal wirkte. Rosa- und lilafarbene Lupinen im Vordergrund und die schneebedeckten Gipfel der Berge im Hintergrund bildeten einen magischen Kontrast. Ich weiß nicht, ob ich jemals zuvor so etwas Schönes gesehen habe. Was blieb, war der Wunsch, all die Erlebnisse mit einem Herzmenschen teilen zu können. Einer meiner Schlüsselmomente auf der Südinsel war die Zugfahrt im Tranz Alpine Train, mit dem ich die Neuseeländischen Alpen überquerte. Während ich auf dem offenen Aussichtswagon stand und die Landschaft an mir vorbeizog, begann ich mich plötzlich mit mir selbst auseinanderzusetzen. Gedanken, die ich ewig weggeschoben hatte, kamen zum Vorschein und mir wurde bewusst, dass kein anderer Mensch auf dieser Welt, sondern ich ganz alleine für mein Glück verantwortlich war.

BEGEGNEST DU
DER EINSAMKEIT,
HAB KEINE ANGST. SIE IST
EINE KOSTBARE HILFE, MIT SICH SELBST
FREUNDSCHAFT
ZU SCHLIEßEN.

TIBETISCHE WEISHEIT

Am Arthur's Pass, einem kleinen, von Bergen umrahmten Dorf auf der Hälfte der Strecke, stieg ich aus und blieb für eine Nacht. Als die Tagesausflugsgäste verschwunden waren, wurde es einsam. Weil ich nicht einschlafen konnte, ging ich mitten in der Nacht auf die Straße. Der Mond hing wie eine weiße Papierlaterne am dunklen Nachthimmel. Lediglich meine Schritte auf dem Asphalt sowie mein eigener Atem waren zu hören. Es fühlte sich an, als hörte die Welt für einen Moment lang auf sich zu drehen. Plötzlich stellte ich mich den Fragen, die ich ewig verdrängt hatte: Was erwarte ich von meinem Leben? Wo gehöre ich hin? Was ist mir wichtig? Wo möchte ich sein? Was macht mich glücklich und wer bin ich eigentlich?

Auf viele dieser Fragen schien ich in jener Nacht Antworten zu finden. Auch wenn die Umsetzung meiner Antworten noch eine ganze Weile dauerte, wusste ich von nun an, was ich wollte und noch viel wichtiger, was ich nicht mehr wollte: und zwar alleine sein.

———————

Dreieinhalb Monate blieb ich in Neuseeland. Rückblickend war es eine intensive Zeit mit vielen Höhen und Tiefen. Eine Zeit mit Glücksmomenten und wunderbaren Wegbegleitern, aber auch eine Zeit der Enttäuschungen, Angst und Selbstzweifel. Ich musste an meine körperlichen und seelischen Grenzen stoßen, mich selber kennen- und aushalten lernen.

Erst am Ende merkte ich, dass diese Reise durch Neuseeland ein Geschenk war. Ein Geschenk des Lebens, das ich anfangs nicht annehmen konnte. Zum Schluss hatte ich gefunden, was ich suchte: Einen Weg zu mir selbst.

Ich könnte dir jetzt mit erhobenem Zeigefinger erzählen, dass die Quintessenz meiner Geschichte ist, dass Probleme Ozeane überqueren können und es keinen Sinn macht, vor ihnen wegzulaufen. Dass du gar nicht erst versuchen solltest, vor dir selbst zu flüchten und dass du dich auch durchs Reisen nicht vor den Fragen des Lebens drücken kannst. Aber das wäre falsch. Reisen kann in der Tat helfen, Abstand zu gewinnen, Sichtweisen zu ändern und letzten Endes auch Probleme zu

verarbeiten. Und wenn wir mal ganz ehrlich sind, ist es doch hundert-
mal einfacher, beim Wandern zwischen schneebedeckten Berggipfeln,
bei einer Bootsfahrt durch die Fjorde oder am Strand bei Sonnenuntergang über den Sinn des Lebens zu philosophieren, als zu Hause
mit einer überdimensionalen Packung Frust-Eiscreme im Bett, oder?
Ich für meinen Teil habe in Neuseeland gelernt, wie sich innere Leere
anfühlt und was es wirklich bedeutet, alleine zu reisen. Dies war eine
der schwierigsten Lektionen, die ich unterwegs gelernt habe.

Von Neuseeland aus reiste ich weiter nach Australien. In Melbourne
traf ich mich mit meiner Schwester Melina, die wenige Tage zuvor
ihren Job auf dem Kreuzfahrtschiff an den Nagel gehängt hatte und
in Singapur abgestiegen war. Wir mieteten uns einen klapprigen Hippiecamper und fuhren in zweieinhalb Monaten von der Great Ocean
Road im Süden bis nach Cairns im tropischen Norden. Wann immer
es möglich war, parkten wir unseren Camper direkt am Meer, schliefen
mit dem sanften Rauschen der Wellen ein und wachten mit den ersten Sonnenstrahlen eines neuen Tages wieder auf. Wir kochten Rührei
auf dem Gaskocher und frühstückten am Strand. Wir lebten in den
Tag hinein, und obwohl wir permanent Angst vor Spinnen, Schlangen,
Krokodilen, Quallen und anderen gefährlichen Tieren hatten, hatten wir
immer uns beide. Das war die bisher unbeschwerteste und glücklichste Zeit meines Lebens. Mit einem Herzmenschen an meiner Seite war
einfach alles besser.

MANCHMAL

WISSEN WIR ERST NACH

UNSERER RÜCKKEHR,

WARUM WIR AUFGEBROCHEN

SIND UND WOHIN

UNS DIE REISE

GEFÜHRT HAT.

UNBEKANNT

WARUM DAS ALLEINREISEN EINE BEREICHERNDE ERFAHRUNG SEIN KANN (ABER NICHT MUSS)

Wenn es ums Alleinreisen geht, scheiden sich die Geister. Die einen lieben es, monatelang alleine um die Welt zu reisen und täglich neue Menschen zu treffen. Andere hassen es alleine zu sein und haben lieber einen Reisepartner an ihrer Seite, während wieder andere es vielleicht gerne einmal ausprobieren würden, sich aber nicht trauen.

Welche Reiseart dich glücklich macht, kannst du nur herausfinden, wenn du es selbst ausprobierst. Ich finde, jeder Mensch sollte einmal die Erfahrung machen alleine loszuziehen, um sich selbst ein Stückchen näherzukommen. Und wenn du dich nach deiner Solo-Reise dazu entscheidest, in Zukunft doch lieber wieder zu zweit, mit dem Partner, einem guten Freund oder gar in einer Gruppe zu reisen, dann ist auch das völlig okay. Nimm diese Erkenntnis an und schäme dich nicht dafür, denn nicht jeder Mensch ist zum Alleinreisen geboren.

VORTEILE DES ALLEINREISENS

Du setzt dich mit dir selbst auseinander.

Egal wie sehr du dich auch ablenkst und wie viele Menschen du unterwegs kennenlernst, früher oder später wirst du dazu gezwungen, dich mit dir selbst, mit deinen Gedanken, Problemen und Ängsten auseinanderzusetzen. Was sich im ersten Moment easy anhört, kann zu einer echten Herausforderung werden, denn viele Menschen sind es heutzutage gar nicht mehr gewohnt, auf ihr Inneres zu hören. Reist du alleine, hast du genügend Zeit für dich und wirst merken, wie gut es dir tut.

Du stärkst deine Selbstsicherheit.

Wer alleine reist, muss sich auch alleine darum kümmern, pünktlich am Flughafen zu sein, sich in einer fremden Stadt zu orientieren und

Sprachbarrieren zu überwinden. Du lernst, Entscheidungen selbst zu treffen, denn du kannst dich hinter niemandem verstecken. Auf Dauer stärkt das deine Selbstsicherheit und dein Selbstbewusstsein.

Du bist aufgeschlossener anderen gegenüber.

Zu zweit oder in einer Gruppe bist du anderen Menschen gegenüber, egal ob Einheimischen oder Reisenden, weniger aufgeschlossen als beim Alleinreisen. Warum auch? Ihr habt ja euch! Bist du alleine unterwegs, gehst du viel offener auf Fremde zu und knüpfst schneller Kontakte.

Du nimmst dein Umfeld besser wahr.

Nicht nur für deine Mitmenschen, auch für deine Umgebung bist du empfänglicher, wenn du alleine reist. Ich bin überzeugt davon, dass du bestimmte Situationen alleine intensiver wahrnimmst. Anstatt dich auf deinen Reisepartner zu konzentrieren, achtest du viel mehr auf Gerüche, Farben, Geräusche oder auch auf deine eigenen Gefühle.

Keine Kompromisse nötig.

Als Alleinreisender bist du völlig frei und unabhängig. Du willst eine Radtour machen, während alle anderen

lieber am Strand liegen? Kein Problem. Du alleine entscheidest, wie du deinen Tag gestaltest, was du isst und wo du übernachtest.

NACHTEILE DES ALLEINREISENS

Das Gefühl der Einsamkeit.

Ganz wichtig ist es, Einsamkeit und Alleinsein voneinander zu unterscheiden. Ein Mensch, der alleine ist, muss nicht zwingend einsam sein und jemand der einsam ist, muss nicht unbedingt alleine sein. Man kann sich auch unter vielen Menschen einsam fühlen. Der in meinen Augen größte Nachteil beim Alleinreisen ist, dass du dich in bestimmten Situationen einsam fühlen wirst, weil dir ein Mensch fehlt, mit dem du Momente teilen kannst. Wer steht schon gerne alleine am Rand des Grand Canyon und freut sich über den atemberaubenden Ausblick, ohne diesen Glücksrausch mit jemandem teilen zu können? Aber auch in den weniger schönen Situationen, zum Beispiel, wenn du krank im Bett liegst, wirst du dich nach einem geliebten Menschen sehnen, der für dich da ist.

Alleinreisen ist oft teurer.

Wer ein Hotelzimmer dem Hostelbett vorzieht, wird schnell feststellen, dass

Einzelzimmer oft viel teurer sind als Doppelzimmer. Auch die Kosten für einen Mietwagen, einen Einkauf im Supermarkt oder für eine Taxifahrt kannst du dir als Alleinreisender nicht teilen. Entweder schließt du dich mit anderen Reisenden zusammen oder deine Reise wird schlichtweg etwas mehr kosten.

Blöde Anmachen.

In einigen Ländern wirst du (besonders als alleinreisende Frau) oft von Fremden angegraben. Gegen neugierige Blicke ist nichts einzuwenden, aber anzügliche Bemerkungen und aufdringliche Einladungen können einen mit der Zeit wahnsinnig machen.

Keine Fotos.

Erinnerungsfotos von dir selbst kannst du dir als Alleinreisender meistens abschminken. Zwar ist es meist kein Problem, andere Reisende darum zu bitten, auf den Auslöser zu drücken, in der Realität musste ich mich aber schon oft damit zufrieden geben, dass

mein Kopf auf Bildern komplett abgeschnitten war. Oder der Fotograf hatte vergessen, die Golden Gate Bridge, vor der ich stand, mit aufs Foto zu kriegen und machte stattdessen ein Close-up von meinem Gesicht. Wenn du alleine reisen möchtest, gehst du diesen Kompromiss leider ein.

Gefahr.

Ein Nachteil, der nicht unterschätzt werden sollte, ist die Gefahr, die beim Alleinreisen bestehen kann. Besonders als Frau ist es in bestimmten Ländern nicht immer so lustig, wenn man ganz alleine unterwegs ist. Ob eine Region oder ein Land wirklich gefährlich ist oder alle ein wenig übertreiben, hängt natürlich auch von der eigenen Einstellung ab. Aber garantiert ist es nicht jedermanns Sache alleine durch Kolumbien oder Brasilien zu reisen, wo bewaffnete Raubüberfälle an der Tagesordnung sind. Hier ist es für viele ratsam, zu zweit oder in Gruppen zu reisen.

MUT STEHT
AM ANFANG
DES HANDELNS,
GLÜCK AM ENDE.

DEMOKRIT

10 TIPPS FÜR DEINE ERSTE SOLO-REISE

#1 Bevor deine erste große Solo Fernreise ansteht, solltest du einen Probelauf starten. Verbring doch einfach ein paar Tage alleine in einer fremden Stadt in Europa. So kannst du einen ersten Eindruck davon gewinnen, wie es sich anfühlt, alleine zu reisen.

#2 Geh offen auf andere Menschen zu, egal ob es Einheimische oder andere Reisende sind. Beginne ein Gespräch mit dem Taxifahrer, komme mit der Marktfrau ins Gespräch oder setz dich abends zu den anderen Leuten im Hostel. So knüpfst du schnell Kontakte.

#3 Besorg dir ein Reisetagebuch und schreibe vom ersten Moment an alles auf, was du erlebst und vor allem, wie du dich dabei fühlst. Sammle positive und negative Gedanken und konserviere die Eindrücke deiner Reise.

#4 Alleine reisen bedeutet nicht, dass du zwingend in einem überfüllten Schlafsaal übernachten musst, um Gleichgesinnte zu treffen. Wenn du keine Lust auf schnarchende Bettnachbarn hast, übernachte doch einfach in privaten Airbnb-Unterkünften. So kommst du sofort mit Einheimischen in Kontakt, die dir echte Insidertipps für die Umgebung geben können.

#5 Vermeide bei deiner ersten Solo-Reise die typischen Honeymoon-Destinationen, an denen du ausschließlich von verliebten Pärchen umgeben bist. An solchen Orten fällt das Alleinreisen wirklich nicht leicht.

#6 Nimm an einem landestypischen Kochkurs, einem Yoga-Retreat, einer organisierten Fahrradtour oder einer (oft kostenlos angebotenen) Stadtführung teil. So hast du nicht nur eine tolle Beschäftigung und lernst Land und Leute auf eine besondere Weise kennen, sondern fühlst dich in einer Gruppe Gleichgesinnter direkt gut aufgehoben.

#7 Egal ob du E-Books oder gedruckte Bücher bevorzugst, packe auf jeden Fall genügend Lesestoff ein. So hast du im Flugzeug, auf einer langen Busfahrt oder alleine am Strand eine sinnvolle Beschäftigung.

#8 Tausche dich vor und während deiner Reise mit anderen Alleinreisenden aus. Es gibt zahlreiche Facebook-Gruppen und Foren zum Thema Solo Travel, in denen du Gleichgesinnte triffst. Hier werden wertvolle Tipps ausgetauscht und manchmal ergeben sich sogar tolle Reisebekanntschaften und Verabredungen in der Fremde. Frag doch einfach mal in die Runde, ob sich jemand einer Sightseeingtour anschließen möchte.

#9 Lerne deinem Bauchgefühl zu vertrauen! Dies ist eine der wichtigsten Regeln, wenn du alleine reisen möchtest. Sobald dein Gefühl dir sagt, dass etwas nicht stimmt, sei es eine abgeschiedene Gegend, eine Mitfahrgelegenheit oder andere Situationen, die dir komisch vorkommen, dann dreh um und lass es lieber sein.

#10 Achte darauf, was das Alleinreisen mit dir macht. Nimm dir Zeit, setz dich vielleicht in einen Tempel oder an einen anderen ruhigen Ort, sei ganz still und höre auf deinen Atem. Beobachte deine Gefühle und Ängste, die in dir aufsteigen und sei stolz auf dich!

DU GLAUBST

DEIN WAHRES ICH ZU KENNEN? REISE ALLEINE UND ERFAHRE DAS GEGENTEIL.

UNBEKANNT

Roadtrip entlang der Great Ocean Road

Australien & Neuseeland

Frühstück am Meer

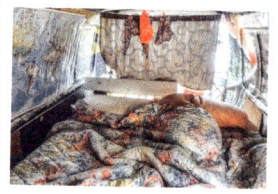

Unser geliebter Hippiecamper

Mit meiner Schwester war plötzlich alles einfacher

Wanderung durch bizarre
Mondlandschaften

Marlborough Sounds
in Neuseeland

Tongariro Alpine Crossing

Weinberge in Stuttgart

Partnachklamm

Am Kölner Rheinufer

Nationalpark Eifel

Vor der HAUSTÜR

Eibsee in Bayern

Burg Eltz

Schloss Neuschwanstein

Paddy in Jaipur

SCHÖNES
Indien

Traumstrand in Goa

So nah dran am Glück ;)

Rattentempel in Deshnok

Heilige Kühe auf der Straße

Blick auf Udaipur

Sonnenuntergang in Pushkar

Im majestätischen Geirangerfjord

Arbeiten auf dem
KREUZFAHRTSCHIFF

Briksdal Gletscher

Nyhavn in Kopenhagen

Mittagspause in Alesund

Mitternachtssonne
am Nordkap

Naturerlebnisse

Machu Picchu in Peru

Im Helikopter über Hawaii

Plansee in Österreich

Rio Celeste in Costa Rica

Kajakfahren zum Sonnenuntergang

Khao Sok Nationalpark
in Thailand

ERKENNTNISSE FÜRS LEBEN – WAS DU AUF REISEN LERNEN KANNST

Am Ende sind es die Erlebnisse, die wirklich zählen.

Auch wenn es großen Spaß macht, deine persönliche Weltkarte mit neuen Farbflecken zu füllen und viele Orte dieser Welt zu sehen, geht es beim Reisen nicht darum, eine Liste voller Sehenswürdigkeiten abzuhaken oder Stempel im Reisepass zu sammeln. Es geht einzig und allein um die Erlebnisse und Erfahrungen, um Begegnungen und Momente, die dich staunen lassen, die dich faszinieren, berühren, überraschen, herausfordern und verändern.

Reisen ist ein Privileg.

In Deutschland geboren zu sein, öffnet uns die Tür zur Welt. Mit einem deutschen Pass in der Tasche dürfen wir in fast alle Länder einreisen und unsere Erde nahezu ohne Einschränkungen entdecken. Für viele Orte benötigst du nicht mal ein Visum. Solange du den Willen, die Zeit und das Geld hast, kannst du dorthin reisen, wo dein Herz dich hinzieht. Diese Freiheit ist nicht selbstverständlich. Viele Menschen können das nicht. Reisen ist ein Privileg und ich für meinen Teil bin unendlich dankbar dafür, dass ich es erleben darf.

Reisen lehrt Geduld und Gelassenheit.

Anfangs brachte es mich zur Weißglut, wenn etwas nicht so lief, wie ich es geplant hatte. Wenn der fünfte Bus in Bangkok an mir vorbeirauschte, ohne anzuhalten und mich mitzunehmen, wenn meine Hotelreservierung an der Rezeption nicht aufzufinden und alle Zimmer ausgebucht waren oder wenn ich meinen Anschlussflug verpasst hatte, weil die Maschine zuvor ein paar Stunden verspätet gestartet war. Diese Dinge passieren auf jeder großen Reise. Mit der Zeit wirst du lernen, dich über solche Dinge nicht mehr aufzuregen, denn du kannst ohnehin nichts an der Situation ändern. Nimm dir die entspannte Mentalität der Einheimischen zum Vorbild. Die Geduld und Gelassenheit, die du auf deinen Reisen lernst, wird dir auch zuhause in Deutschland vieles einfacher machen.

Reisen ist kein Wettbewerb.

In unserer heutigen Welt wird Reisen oft als großer Wettbewerb wahrgenommen. Es gewinnt derjenige, der die krassesten Sachen erlebt, den höchsten Berg bestiegen, unter den unmöglichsten Bedingungen gelebt, sich selbst in die schlimmste Gefahrenzone begeben hat oder am längsten unterwegs war. Die Essenz des Reisens dreht sich allerdings nicht darum, Rekorde zu brechen oder sich in möglichst brenzlige Situationen zu bringen, um anderen etwas zu beweisen. Ich persönlich halte mich am liebsten in der Natur auf, aber ich habe auch nichts gegen ein gutes Bett und eine warme Dusche. Ich brauche keinen selbsterlegten Hasen zum Frühstück, nur um möglichst reißerische Reiseerfahrungen zu machen – frisches Obst ist mir lieber.

Alles kommt so, wie es sein soll.

Im Januar 2018 wollte ich zurück nach Bali, zu der Insel, an die ich sechs Jahre zuvor mein Herz verloren hatte. Dank einiger unglücklicher Zustände wurde die Reise gecancelt. Ich stand in Vietnam und musste zurück nach Hause fliegen. Das Leben läuft nicht immer nach Plan, es gibt Rückschläge und Enttäuschungen, Umwege, Kreuzungen und Sackgassen. Aber mit jeder einzelnen Hürde, die wir meistern, wachsen wir. Es kommt alles so, wie es kommen soll, und du kannst es so annehmen. Vertraue darauf, dass am Ende alles gut sein wird. Vielleicht nicht so, wie du es geplant hast, aber so, wie es sein soll.

Vergleiche keine Länder und Orte.

In Interviews werde ich oft gefragt, welches für mich das schönste Land ist. Ich hasse diese Frage, denn das schönste Land gibt es für mich nicht. Auf Reisen solltest du dir angewöhnen, Orte nicht ständig miteinander zu vergleichen. Der Regenwald in Costa Rica war viel schöner als der in Peru, der Sand in Australien viel weißer als der in Thailand ... Dieser ständige Vergleich macht das eigentliche Erlebnis und den Moment kaputt. Aus diesem Grund habe ich kein Lieblingsland.

Senke deine Erwartungen.

Bestimmt hast du selbst schon einmal vor einer berühmten Sehenswürdigkeit gestanden, von der du zuvor tausende Instagram-Bilder gesehen hast, vielleicht sogar extra deshalb hingereist bist, und warst am Ende total enttäuscht. Oft machen unsere eigenen Erwartungen das tatsächliche Erlebnis vor Ort kaputt. Bei den Niagarafällen in Kanada und bei meinem Besuch der Ruinenstadt Machu Picchu in Peru hatte ich mir fest vorgenommen, meine Erwartungen runterzuschrauben. Immerhin handelte es sich um zwei der touristischsten Orte in Nord- und Südamerika. Am Ende war ich trotz der vielen Touristen, die diese Orte tagtäglich besuchen, unglaublich beeindruckt von dem, was ich sah.

Schließe mit dir selbst Freundschaft.

Dass Probleme auch Ozeane überqueren und man vor ihnen nirgends sicher ist, nicht mal am anderen Ende der Welt, lernte ich in Neuseeland. Auf mich alleine gestellt war ich dazu gezwungen, mich mit mir und den Fragen des Lebens zu beschäftigen. In der Einsamkeit kamen die Tiefen meines Selbst an die Oberfläche und ich lernte: Man kann vor vielem erfolgreich auf der Flucht sein, nie aber vor sich selbst, denn seine Innenwelt nimmt man überall mit hin.

Vertraue deinem Bauchgefühl.

Auf Reisen wirst du oft an Weggabelungen stehen und musst Entscheidungen treffen, die du zu Hause vielleicht in detaillierten Pro- und Contra-Listen abgewägt hättest. Manchmal bleibt keine Zeit zum Abwägen, oft fehlt eine zweite Meinung und nicht selten hilft der Verstand in solchen Situationen nicht weiter. Lerne auf dein Bauchgefühl zu hören und vertraue darauf, dass es schon die richtigen Entscheidungen für dich treffen wird.

Reisen lehrt Dankbarkeit.

Für all die Abenteuer, die du erleben darfst, dass du gesund bist und die Welt bereisen kannst. Aber auch deine Heimat wirst du mit anderen Augen sehen. Du wirst sie und deine Herzmenschen nicht mehr so selbstverständlich nehmen, sondern als großes Geschenk und sicheren Hafen. Ich bin außerdem meinen Eltern unendlich dankbar. Sie haben mich noch nie zum Bleiben gezwungen oder versucht, mich von meinen Plänen abzubringen, egal wie verrückt oder unvernünftig sie zu sein schienen. Meine Eltern ließen mich immer ziehen, sie schenkten mir bedingungslose Liebe, ein unglaubliches Vertrauen und noch heute geben sie mir immer einen Heimathafen, in dem ich willkommen bin.

Entdecke die Natur als deinen Kraftort.

Zu Beginn meiner Reisejahre waren es Millionenstädte wie New York, Hong Kong und Bangkok, für die mein Herz schlug. Ich liebte die Schnelllebigkeit, die Hektik, die Menschenmassen und Reizüberflutungen und ich liebte es, von unzähligen Möglichkeiten überschwemmt zu werden. Inmitten des Chaos, des Gedränges, des Lärms fühlte ich mich wohl. Das Reisen in stillere Regionen zeigte mir jedoch, dass es die Natur ist, die mir das gibt, was ich eigentlich suche. Die Regenwälder Costa Ricas, die Wüsten der Arabischen Emirate, die Wasserfälle Islands, die Bergregionen der Schweiz, Österreichs und Deutschlands, die Fjorde Norwegens, die endlosen Weiten Kanadas und entlegene Orte wie die Färöer Inseln waren es, die mich nachhaltig beeindruckt haben.

Glaube an das Gute.

Überall auf der Welt wirst du herzensgute Menschen treffen, die dir ihre Hilfe anbieten, die interessiert und offen sind. Reisen hilft uns, an das Gute in den Menschen zu glauben. Auch wenn immer wieder schreckliche Attentate auf dieser Welt passieren und es hasserfüllte Menschen unter uns gibt, möchte ich eine positive Botschaft weitertragen und den Lesern meines Blogs und meiner Bücher zeigen, dass uns Reisen glücklich macht. Ich glaube an den Frieden und daran, dass wir alle im Herzen irgendwie gleich sind. Egal wo wir geboren sind, wo wir leben, welche Hautfarbe, welchen Glauben, welche Werte und Vorstellungen wir haben.

Mach dir ein eigenes Bild.

Viele Länder und Regionen dieser Welt, allen voran arabisch geprägte, sind mit großen Vorurteilen behaftet. Ich habe jedoch gelernt, nicht auf die Meinung anderer zu hören, vor allem nicht auf die derjenigen, die selbst noch nie in ein solches Land gereist sind, aber trotzdem jede Gelegenheit nutzen, ihre negative Meinung kundzutun. Dass sämtliche Vorurteile über die arabische Kultur nicht der Wahrheit entsprechen und wir lernen müssen, unsere eigenen Muster nicht auf andere zu übertragen, das hat mich die arabische Welt gelehrt. Mach dir auf Reisen dein eigenes Bild.

Reisen lehrt, den Moment zu leben.

Mit dem sanften Rauschen der Wellen einschlafen, vom ersten Sonnenstrahl des Morgens geweckt werden, schlaftrunken zum Meer laufen, den zuckerwattefarbenen Himmel bestaunen, unter Palmen frühstücken, ohne Handy und Internet in den Tag hineinleben, ganz im Hier und Jetzt sein und das Gefühl unendlicher Freiheit spüren. Reisen öffnet uns für den Augenblick und deine schönsten Reiseerlebnisse werden die sein, in denen du ganz bei dir, ganz im Jetzt anwesend bist.

Loslassen befreit.

Immer wieder werde ich gefragt, wie ich es damals geschafft habe, sämtlichen Besitz aufzugeben und ob es mir keine Angst gemacht hat, ohne festen Wohnsitz durch die Welt zu reisen. Ehrlich gesagt befreite es mich unglaublich, materielle Dinge loszuwerden. Mit jedem Teil, das ich verkaufte oder verschenkte, mit jedem Vertrag, den ich kündigte, fühlte ich mich leichter. Keine Wohnung, kein Auto, keinen Fernseher zu haben, kann dir ein Gefühl von Freiheit, Ungebundenheit und Glück geben. Nichts hält dich an einem bestimmten Ort fest. Wer nicht an materielle Dinge gebunden ist, kann jederzeit den Rucksack packen und losziehen. Natürlich ist es nicht nötig, dass du wie ich deinen kompletten Besitz verscherbelst, bevor du auf Reisen gehst. Aber leichtes Gepäck und Minimalismus auf Reisen sind unschätzbar wertvoll und können sich sehr befreiend anfühlen. Kauf keine unnötigen Mitbringsel und versuche dich auch zu Hause täglich daran zu erinnern, wie wenig es zum Glücklichsein braucht.

Überschreite deine Grenzen.

Aus seiner Komfortzone rauszukommen und etwas zu wagen ist die eine Sache, Grenzen zu überschreiten und über sich selbst hinauszuwachsen die andere. Bei einer Tsunamiwarnung in Indonesien, bei einer Wanderung in Neuseeland, bei der ich mich komplett verlaufen hatte, und bei meiner Reise durch Indien habe ich auf verschiedene Art und Weise gelernt, wo meine körperlichen und seelischen Grenzen sind. Auch du wirst auf einer langen Reise sicherlich mal an dein Limit kommen. Trotzdem immer wieder aufzustehen, sich nicht abschrecken zu lassen und es immer wieder zu probieren, macht dich stärker. Aber hey, es ist auch vollkommen in Ordnung zu sagen: Bis hierhin und nicht weiter. Das ist eine Grenze, und die überschreite ich nicht.

Verschließe deine Augen nicht vor den Schattenseiten.

Auf Reisen wirst du nicht nur die Schönheit unserer Erde sehen, sondern auch mit ihren Schattenseiten konfrontiert werden: mit Armut, Elend, Ungerechtigkeit, Ausbeutung, Umweltverschmutzung, Naturkatastrophen oder den Folgen von Krieg. Lauf nicht mit Scheuklappen durch die Gegend und erkenne auch die Missstände an. Man kann einfach nicht nach Südafrika reisen, sich an den Traumstränden von Camps Bay räkeln und dabei völlig ausblenden, dass ein paar Kilometer weiter viele schwarze Menschen in Townships unter ärmlichsten Bedingungen leben. Townships sind die Folgen der Apartheit, die bis heute nachwirkt. Ich bin kein Freund von Katastrophentourismus, aber ich war dort, habe mir ein Township angesehen, mit den Menschen vor Ort gesprochen und mir ein eigenes Bild gemacht. Ich finde es wichtig, das große Ganze zu sehen und, wo ich kann, zu helfen.

Reisen lehrt, deine Heimat aus einem neuen Blickwinkel zu sehen.
Aus der Ferne wirst du eine ganz neue Perspektive auf dein Heimatland bekommen. Vielleicht wirst du wie ich feststellen, dass Deutschland als Reiseland oft unterschätzt wird. Unsere Heimat hat so viel Schönes zu bieten und was wir in der Ferne suchen, lässt sich durchaus auch vor der eigenen Haustür finden. Auch die Jahreszeiten und die Veränderungen der Natur, die es in so vielen anderen Ländern der Welt gar nicht gibt, wirst du auf Reisen lieben und schätzen lernen. Ich für meinen Teil mag Deutschland und ich komme immer wieder gerne nach Hause.

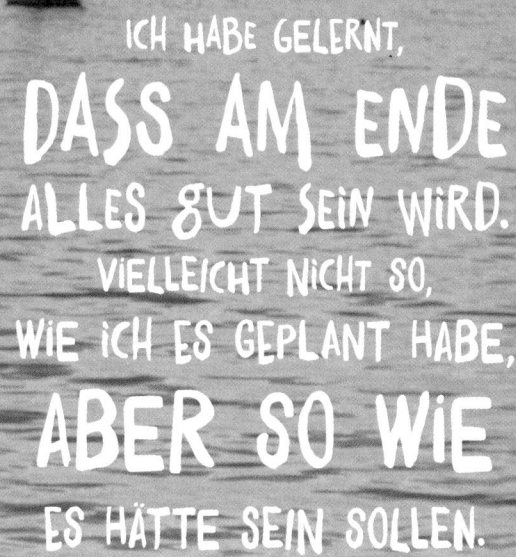

ICH HABE GELERNT,
DASS AM ENDE
ALLES GUT SEIN WIRD.
VIELLEICHT NICHT SO,
WIE ICH ES GEPLANT HABE,
ABER SO WIE
ES HÄTTE SEIN SOLLEN.

JULIA LASSNER

EINTAUCHEN

KAPITEL 4

Kulturschock Indien

———

Was ein Kulturschock mit uns anstellt

———

10 Tipps, die dir das Eintauchen in fremde Kulturen erleichtern

———

Der Welt etwas zurückgeben – Interview mit Reiner Meutsch

KULTURSCHOCK INDIEN

Indien war ein großer weißer Fleck auf meiner persönlichen Weltkarte. Ein Fleck, der mit Eindrücken gefüllt werden und seinen ersten Farbtupfer in Mumbai, der zweitgrößten Stadt des Landes, erhalten sollte. Indien zu bereisen war für mich schon lange ein Traum. Geprägt von den Erzählungen deutscher Buchromantiker, malte ich mir eine Explosion leuchtender Farben und exotischer Gerüche aus. Ich dachte an goldene Paläste, Spiritualität und an die Vielzahl friedlich miteinander lebenden Religionen, an Frauen, die in farbenfrohe Saris gewickelt waren, und Männer, die einen Turban auf dem Kopf trugen. Indien war für mich das Land des Freiheitskämpfers und Weltveränderers Mahatma Gandhi, das Land der ayurvedischen Lehre, der Lehre des Lebens, und das Land meiner Sehnsucht.

Mein Tag begann um halb sieben. Noch vor Arbeitsbeginn stürmte ich aufs Außendeck, um einen ersten Blick zu erhaschen. *Incredible India* stand auf dem Gebäude des Kreuzfahrtterminals, unglaubliches Indien. Mehr von Mumbai war vom Schiff aus erst einmal nicht zu sehen. Meine Vorfreude auf den Landgang war trotzdem riesig.

Mittagspause. Um vierzehn Uhr durfte ich das Schiff verlassen. Raus aus der Uniform, rein in die unbekannte Welt, die mich hinter den Mauern des Terminals erwartete. Gemeinsam mit einer Kollegin verließ ich das Hafengelände. Schlagartig wurden wir in eine für uns völlig fremde Welt katapultiert und fanden uns in einer riesigen, bunten Menschenmasse wieder. Die Luft war schmierig, heiß und feucht. Dürre Hunde liefen auf den Straßen umher, Autos hupten ununterbrochen, Kühe standen mitten auf der Kreuzung im Verkehrschaos und der betörende Duft von Räucherstäbchen mischte sich mit dem von frittiertem Essen und stinkendem Müll. Bunte Lastwagen, Motorroller, Pferdekutschen, Tuk Tuks und Taxen rauschten an uns vorbei. Auf den vier Spuren fuhren mindestens sechs Fahrzeuge nebeneinander, die meisten davon maßlos übersetzt.

Ich war überwältigt von dem, was ich sah. Am liebsten wollte ich einfach an einer Straßenecke stehenbleiben und das bunte Treiben beobachten, denn überall gab es etwas zu entdecken. Die Stadt war bunt, laut und schrill. Ich liebte es.

Während wir im Taxi saßen und Teil des großen Wirrwarrs wurden, realisierte ich neben all der Schönheit auch die Schattenseiten der Stadt. Mumbai ist eine Megacity, die geografisch nicht viel größer als Berlin ist. Der einzige Unterscheid: Berlin hat 3,5 Millionen Einwohner, Mumbai – mit Außenbezirken – über 21 Millionen. Die genaue Zahl kennt niemand.

Die extreme Überbevölkerung hat Folgen. Am Straßenrand wird nicht nur gearbeitet, sondern auch gelebt. Viele Menschen quetschen sich auf engstem Raum aneinander und haben weder fließendes Wasser noch Elektrizität. Und nicht zuletzt produziert diese riesige Menschenmasse auch jede Menge Müll.

Die Kontraste der Stadt, die gewaltigen Unterschiede zwischen Arm und Reich, sind allgegenwärtig. Vom Marine Drive, der traumhaften Meerespromenade, überblickten wir die malerischen goldgelben Sandstrände und die verspiegelten Wolkenkratzer, die sich Richtung Himmel reckten. Nur wenige Meter davon entfernt saßen Bettler und Lumpensammler, die ihre Hände flehend aufhielten und uns mit traurigen Hundeaugen anlächelten. Sie leben in Slums, wie knapp 60 Prozent der Einwohner Mumbais. Es war erschütternd.

In der Nähe des *Gateway of India*, dem Wahrzeichen von Mumbai, endete unsere Taxifahrt. Wir stiegen aus dem Auto und wurden augenblicklich wieder in ein Feuerwerk der Farben geschleudert. Um den honigfarbenen Triumphbogen tummelte sich eine riesige Menschenmasse. Die Eindrücke prasselten im Sekundentakt auf mich ein. Bettelnde Frauen fragten nach Geld, Kinder drückten uns ungefragt Henna-Stempel auf die Arme und zu unserer Verwunderung kamen etliche Inder auf uns zu und wollten uns fotografieren. So posierten wir mit wildfremden Menschen vor dem *Gateway of India* und lächelten in Dutzende Kameras.

Auf der Suche nach einem Restaurant – wir wollten unbedingt echtes indisches Thali essen – verzweifelten wir. Entweder wurden uns nur Pizza, Pasta und Burger angeboten oder die Essensstände sahen so bedenklich aus, dass wir uns nicht trauten zu bestellen. Immerhin waren wir hier in Indien, und nicht im Urlaub, sondern in der Mittagspause.

Als wir vor einer kleinen Kirche etwas abseits des Trubels standen und mit einem wild gestikulierenden Taxifahrer diskutierten, tauchte plötzlich wie aus dem Nichts ein herzlich lächelnder Mann in Jeans und blauem Hemd auf. »Girls, are you in trouble?« Mit einer Ruhe, als wäre er der Dalai Lama persönlich, bot er an, uns zu einem indischen Restaurant zu fahren. Wir verließen uns auf unser Bauchgefühl und stiegen in sein Auto, das gleich neben der Kirche parkte. Seine Frau saß vorne. Sie trug, wie die meisten Inderinnen, einen bunten Sari und ein Bindi, einen Punkt aus roter Pulverfarbe zwischen den Augenbrauen. Traditionell ist der Punkt das Zeichen der verheirateten Frau und soll nicht nur sie, sondern auch ihren Ehemann schützen. Heutzutage werden Bindis auch von unverheirateten Frauen getragen.

Die 26-jährige Tochter saß neben uns auf der Rückbank. Sie sprach perfektes Englisch, hatte in den USA studiert und in der Bollywood-Filmproduktion in Los Angeles gearbeitet. Wie uns Bombay (sie sagte niemals Mumbai) gefällt, wollte sie wissen. »Es ist unglaublich. Diese Menschenmassen, der Verkehr, einfach überwältigend«, antwortete ich ehrlich. »Ihr habt Glück, dass heute Sonntag ist. Da sind die Straßen nicht so voll«, lachte sie.

»Wisst ihr was? Wir nehmen euch mit zu uns nach Hause«, unterbrach der Vater das Gespräch. Ohne lange zu überlegen, willigten wir ein. Nach fünfzehn Minuten Fahrt erreichten wir das Gelände, das durch mehrere Sicherheitstore abgesperrt war. Per Aufzug gelangten wir in den achten Stock des Hauses. Auf die Schnelle zauberte die Familie ein wunderbares Essen. Viele kleine Schalen standen in der Mitte des Tisches und wir alle aßen mit den Händen, typisch indisch, genau wie ich es mir gewünscht hatte.

»Fühlt euch wie zu Hause«, sagte der Vater, der ebenso glücklich über unsere Begegnung zu sein schien, wie wir es waren. Er redete von einer Fügung des Schicksals: »Gott hat uns zusammengebracht!«

Wir schlossen diese Menschen, die uns noch vor knapp einer Stunde völlig fremd waren und uns jetzt mit so viel Wärme begegneten, in unsere Herzen. Der Moment war magisch.

Zum Abschluss zeigte die Mutter uns ihre riesige Schmucksammlung aus wunderschönen Ketten und Ohrringen, die sie in stundenlanger Handarbeit hergestellt hatte. Jedes Teil ein Unikat. Wir waren begeistert und kauften ihr Ohrringe für einen Schnäppchenpreis ab. Ein schöneres und vor allem persönlicheres Andenken an einen so unglaublichen Tag hätte ich mir kaum vorstellen können.

Am Abend brachte uns die Familie zurück zum Hafenterminal, wo unsere saubere, geordnete und spießige Welt auf uns wartete. Nach einer herzzerreißenden Verabschiedung und dem Versprechen unbedingt wiederzukommen, betraten wir das Schiff, auf dem mir plötzlich alles so steril und unpassend erschien. Ich schlüpfte in meine frisch gewaschene und steif gebügelte Uniform und flitzte ins Büro. Meine neuen Ohrringe trug ich schon an diesem Abend, denn sie passten zu dem Lächeln, das nicht mehr aus meinem Gesicht verschwinden wollte.

Dieser Tag, den nicht nur Mumbai selbst, sondern auch die herzlichen Menschen zu einem unvergesslichen Erlebnis gemacht haben, hat sich fest in meine Erinnerung eingebrannt. Von dieser indischen Familie, die das Herz an der richtigen Stelle trägt, sollte sich jeder Mensch eine große Scheibe abschneiden. Dann wäre unsere Welt um einiges besser.

Zwei Jahre später zog es mich erneut nach Indien. Dieses Mal mit meinem Freund Paddy und mit deutlich mehr Zeit. Ich hatte ihm bereits vorgeschwärmt, wie wundervoll dieses Land ist, wie herzlich die Menschen sind, wie bunt und aufregend alles ist, und dass es überall nach Gewürzen und Räucherstäbchen duftet. Für Paddy war es die erste Begegnung mit dem asiatischen Kontinent. Dass man vielleicht nicht gleich mit Indien anfangen sollte, das war mir damals nicht so wirklich bewusst. Vielleicht setze ich auch einfach zu viel voraus.

Während des Landeanfluges auf Delhi, als wir minutenlang über ein Meer aus Wellblechhütten flogen und auf die Slums hinunterblickten, brach meine beschriebene Welt wie ein Kartenhaus zusammen. Indien muss in meinen Erzählungen wie ein Märchen aus Tausendundeiner Nacht geklungen haben, doch die Realität sah anders aus: Smog, Bettler, Dreck, Armut, Elend.

In den darauffolgenden drei Wochen bereisten wir Rajasthan, den zweitgrößten Bundesstaat Indiens und das geheimnisvolle Land der Maharadschas. Wir besichtigten prunkvolle Paläste, die über und über mit Gold verziert waren, spazierten durch uralte Karawanenstädte, über Basare und Märkte, besuchten Tempel und ließen uns in Menschenströmen durch die Straßen schieben. Fassungslosigkeit setzte sich mehr und mehr in unseren Köpfen fest. Wir wurden angestarrt, angebettelt und angefasst. Distanz zu Fremden gibt es in den großen Städten Indiens nicht.

Magere Bettler, denen nicht selten Gliedmaßen fehlten, hielten hoffnungsvoll ihre Hände auf. Immer wieder war ich versucht, ihnen einen Schein zu reichen und immer wieder dachte ich an die schreckliche Dokumentation, die ich vor einiger Zeit auf CNN gesehen hatte. Sie zeigte kerngesunde Menschen, die sich ihre Beine amputieren ließen, weil das Bettelgeschäft so besser funktionierte. Hinter dieser Aktion steckte eine landesweit agierende Bettlermafia, die Hilfsbedürftige ausnutzte und sie zwang, sich selbst zu verstümmeln, um die Almosen zu steigern. Das erbettelte Geld wurde ihnen selbstverständlich weggenommen.

Straßenverkäufer packten uns an den Armen und zogen uns in ihre Läden. Aber einfach wegschauen und weitergehen brachte ich nur schwer übers Herz. Sie alle wollten etwas abhaben von den reichen, weißen Europäern, die hierher kamen, um ihre Abenteuerlust und Neugier auf fremde Kulturen zu stillen. Weinende Mütter hielten uns ihre in Tücher gewickelten Babys vor die Gesichter und deuteten mit ihren Gesten an, dass sie Hunger litten. Wenn wir im Auto an der Ampel standen, hämmerten sie gegen die Fensterscheiben, sie weinten und schrien. Überwältigt von Gefühlen der Hilflosigkeit, der Ohnmacht und der Überforderung hätte ich in solchen Momenten am liebsten mit ihnen geschrien. Stattdessen war ich gelähmt.

In Jaipur, der Hauptstadt Rajasthans, ließ mich das Reizfeuerwerk an Sinneseindrücken schließlich kapitulieren. Im Eiltempo rannten wir durch die verstopften Straßen. Mit einer Hand umklammerte ich meinen Jutebeutel, in dem ich meine Kamera versteckt hatte, mit der anderen drückte ich die Hand meines Freundes. Ich reagierte plötzlich gereizt auf das Chaos, wurde wütend über jeden, der mich am Arm packte und hatte das ständige Neinsagen, Weggucken und Abschütteln unendlich satt.

Was mich am meisten fertigmachte, war nicht der bestialische Gestank, nicht der Smog, den wir atmeten, und nicht die Müllhalden, in denen abgemagerte Straßenköter nach etwas Essbarem suchten. Es waren auch nicht die Tuk Tuks, die uns beim Versuch eine Straße zu überqueren, über die Füße fuhren, nicht die Menschen, die auf den Gehwegen in ihrem eigenen Urin lagen und es waren auch nicht die zerlumpten Kinder mit ihren dunklen Mandelaugen, die mein Herz zerbrechen ließen. Allen voran war es der beinahe schmerzhafte Geräuschpegel, der mich bis an den Rand meiner Verzweiflung trieb. Das nie enden wollende Gehupe, das uns alle paar Sekunden zusammenzucken ließ. Ich fühlte mich wie in einer Folterzelle, die mit Lärm beschallt wurde.

Als meine körperliche und seelische Erschöpfung ihren Höhepunkt erreichte, flüchteten wir in eines der Cafés mit Dachterrasse. Erst als ich auf einem Stuhl zusammensackte und mir eine eiskalte Cola light in den Rachen schüttete, spürte ich, wie meine Anspannung etwas nachließ.

Uns gegenüber lag der Hawa Mahal, der Palast der Winde. Es ist in Wahrheit gar kein wirklicher Palast, sondern lediglich eine Fassade aus lachsfarbenem Sandstein, die der Maharadscha Sawaj Pratap Singh 1799 errichten ließ, um seinen Hofdamen die Möglichkeit zu geben, durch 953 kleine, kunstvoll verzierte Gitterfenster das Geschehen auf der Straße zu beobachten, ohne selbst dabei gesehen zu werden.

Auf meinem geschützten Sitzplatz mit Blick auf die Stadt fühlte ich mich wie die Frauen im Hawa Mahal. Lässt sich Indien etwa nur so aushalten? Aus einem sicheren Abstand auf einer Dachterrasse? Ohne den ohrenbetäubenden Lärm, die Menschenmassen, das Chaos?

Nein, ich wollte noch nicht aufgeben. Ich wollte Indien in all seinen Facetten begreifen und ließ mich weiterhin auf das Land ein. Auch in den nächsten Tagen kämpften wir uns durch die Orte. Oft standen wir regungslos nebeneinander, beobachteten das Treiben und saugten die Eindrücke wie ein Schwamm auf. Am Abend lagen wir völlig fertig nebeneinander im Bett und versuchten das zu verarbeiten, was wir tagsüber erlebt hatten. Darüber sprechen konnten Paddy und ich nicht. Selbst zum Schreiben fehlten mir in Indien die Worte.

———

Nach Rajasthan kam Goa, der kleinste Bundesstaat Indiens, dessen paradiesische Küste am Arabischen Meer liegt. Palmen ragten in den babyblauen Himmel, dazu weicher Sand und seichtes Meer. Unsere Haut wurde von der Sonne gewärmt und wir konnten endlich aufatmen. Vom hektischen, lauten, nervenaufreibenden Indien, das wir in den vergangenen drei Wochen erlebt hatten, war in Goa nicht mehr viel zu spüren. Statt Bettlern, Slums, Dreck und Armut, gab es in Goa Banana Pancakes, Müsli und frisch gepresste Mangoshakes zum Frühstück, tagsüber palmengesäumte Traumstrände und abends ein kühles Kingfisher Bier zum kitschig schönen Sonnenuntergang.

Wir ließen unsere Reiseerlebnisse Revue passieren, auch wenn die Verarbeitung der Eindrücke wahrscheinlich noch Monate dauern würde. Mit jeder Minute, die wir an Goas Stränden verbrachten, auf dem Motorroller über die Highways fuhren, uns den warmen Tropenwind durch die Haare wehen ließen und weiß getünchte Prachtgebäude aus der portugiesischen Kolonialzeit bestaunten, ließ die Anspannung nach. Wir bewegten uns freier und sicherer.

Unsere Tage in Goa waren fröhlich und unbeschwert, bis uns eine Lebensmittelvergiftung ausbremste. Einem romantischen Abendessen bei Kerzenschein in einem der Restaurants am Strand folgten schlaflose Nächte, in denen wir schweißgebadet im Bett vegetierten und uns die Seele aus dem Leib kotzten. Die drückende Hitze, der ratternde Ventilator an der Decke und das dröhnende Hupen, das von der Straße ins Zimmer drang, sind Erinnerungen, die sich fest in mein Hirn gebrannt haben.

Der Heißluftballon, mit dem wir über den Wolken schweben wollten, hob ohne uns ab. Wir mussten die gebuchte Tour abblasen. Pläne ändern sich. Auch das lernt man beim Reisen.

———————

Zwei Tage und Nächte dauerte es, bis wir wieder einigermaßen auf die Beine kamen. Es war, als wollte Indien uns noch einmal freundlich daran erinnern, dass man nicht einfach an die Paradiesstrände des Landes flüchten und die Augen vor der Wahrheit verschließen konnte. Zum krönenden Abschluss unserer Reise flogen wir nach Mumbai. In die Stadt, in der für mich alles angefangen hatte. Die Familie, die ich zwei Jahre zuvor auf der Straße kennengelernt hatte, erwartete uns bereits am Gate. Herzlich schlossen sie mich und Paddy, einen für sie völlig Fremden, in die Arme. Es fühlte sich wie Heimkehren an. Das Wiedersehen war ein Fest. Als wir gemeinsam mit ihnen durch die Straßen Mumbais gingen, fühlten wir uns plötzlich wie von einem unsichtbaren Schutzmantel umgeben, der dafür sorgte, dass wir weder angestarrt noch angebettelt oder angefasst wurden. Wir gehörten dazu.

Am Abend fuhren wir nach Hause, saßen zusammen am Tisch, aßen mit den Händen aus den Töpfen und erzählten Geschichten. Seelenruhig schliefen wir in dieser letzten Nacht eng aneinandergekuschelt im Gästebett der Familie ein und versöhnten uns ein für allemal mit Indien.

EIN LÄCHELN

KOSTET – IM GEGENSATZ
ZU STROM – NICHTS.
ABER ES ERZEUGT
MEHR LICHT.

WEISHEIT AUS INDIEN

WAS EIN KULTURSCHOCK MIT UNS ANSTELLT

Wenn wir mit einer fremden Kultur zusammentreffen, die sich grundlegend von unserer eigenen unterscheidet, reagieren wir oft mit Fassungslosigkeit und Unverständnis, Frust und Unsicherheit. Kurz: wir erleiden einen Kulturschock.

Für mich war Indien der größte Kulturschock, den ich bisher erlebt habe, denn dieses Land ist mit nichts auf unserer Welt vergleichbar. In Indien stieß ich an meine Grenzen. Ich zerbrach an dem Elend, der Armut, der Ungerechtigkeit und stellte mir Fragen, die mich bis heute beschäftigen.

Ich wurde nicht an den Rand meiner Komfortzone geführt, nein, ich wurde wie im Schleudersitz herauskatapultiert. Es gab kein Zurück. Für Paddy muss es sich noch um einiges intensiver angefühlt haben. Es war sein erstes Mal in Asien, seine Wahrnehmung war dementsprechend geschärft. Wie mit Kinderaugen saugte er all die Eindrücke auf, ohne dabei zu etikettieren, zu vergleichen und in Schubladen abzulegen.

Er wich nie von meiner Seite, selbst dann nicht, als ich ihn zum Shri Karni Mata, einem Rattentempel in der Provinzstadt Deshnok, schleppte. Etwa 20.000 Ratten, die in Indien als heilig verehrt werden, leben in diesem Tempel. Sie huschen über den Fußboden, schlafen auf den Gittertoren und trinken im Kollektiv an riesigen Milchgefäßen. Wir beide liefen mitten durchs Getümmel – barfuß, versteht sich. Die Überwindung, die es ihn kostete, konnte ich meinem Freund im Gesicht ablesen. Schon als er aus dem Auto stieg, lief ihm zur Begrüßung einer der flauschigen Nager über den Fuß und huschte ins Tempelinnere. Ich war fast ein bisschen neidisch, denn in Indien gilt dies als besonders glückverheißend, allerdings nur bei nacktem Fuß. Paddy hatte seine Schuhe zu dem Zeitpunkt leider noch an. Er bezeichnet das als sein Glück.

Im Endeffekt können wir uns für all die Erfahrungen, die wir in Indien machen durften, glücklich schätzen, denn so sehr uns dieses Land auch verunsicherte und schockierte, zurück blieben Bewunderung, Demut und Dankbarkeit. Schon Mark Twain bezeichnete Indien als »das Land von Traum und Romantik, von grandiosem Reichtum und grandioser Armut«. Er fasst damit perfekt zusammen, was Indien tatsächlich ist: schön und schrecklich zugleich, ein Märchen und ein Albtraum.

Oder wie Andreas Altmann so treffend schrieb: »Indien ist ein gigantischer Spiegel. Jeder darf hineinblicken und sich anschauen. Wer das Land im selben Zustand verlässt, wie er es betreten hat, kam schon als Leiche.«

Indien ist ein wunderbares Land, das wohl niemand, der nicht dort geboren ist, in seiner Ganzheit jemals begreifen wird. Um auch nur einen Bruchteil der Kultur zu verstehen, braucht es Zeit, Geduld, starke Nerven und sehr viel Verständnis. Aber es braucht auch eine Dosis Neugier, Entdeckerlust und vielleicht ein bisschen Mut. Mir hat Indien dabei geholfen, mein eigenes Leben zu reflektieren. Es hat mich und meinen Blick auf die Welt verändert.

Die fünf Phasen eines Kulturschocks

#1 Honeymoon-Phase:

Freude, Euphorie und Interesse am Exotischen überwiegen. Du hast hohe Erwartungen an dein neues Umfeld.

#2 Schockphase:

Verständigungsschwierigkeiten treten auf. Irritation, Frustration und Überforderung machen sich breit und führen zur Ablehnung der fremden Kultur.

#3 Erholungsphase:

Erfahrungen werden relativiert und eigene Erwartungen der Realität angepasst. Andersartigkeit der fremden Kultur wird akzeptiert, interkulturelle Missverständnisse erkannt.

#4 Anpassungsphase:

Vorteile kultureller Unterschiede werden geschätzt und teilweise übernommen.

#5 Eigenkulturschock:

Wiederholung der Phasen 1–4 bei der Rückkehr ins Heimatland.

Die emotionale Achterbahnfahrt eines Kulturschocks

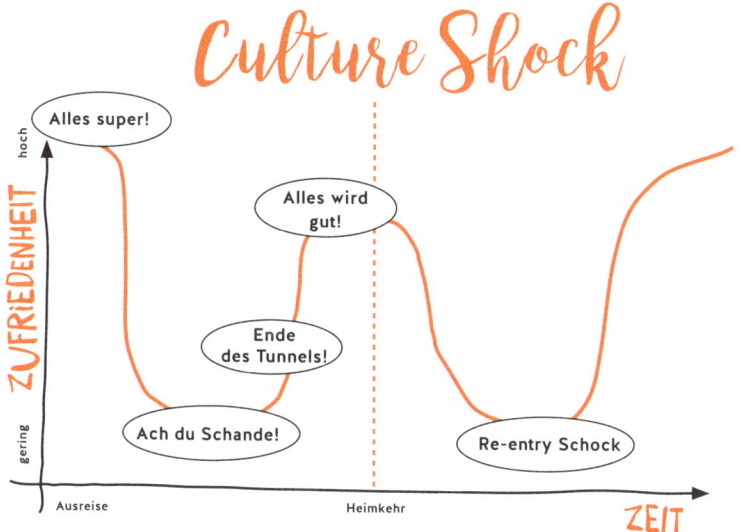

Quellenangabe zur Grafik: Frei nach dem U- und W-Kurvenmodell der interkulturellen Anpassung nach K. Olberg (1960) und Gullahorn & Gullahorn (1963)

DEN WERT

EINER REISE SOLLTE
MAN NICHT IN IHRER
EXOTIK MESSEN,
SONDERN VIEL MEHR IN DEM,
WAS MAN UNTERWEGS LERNT.

UNBEKANNT

10 TIPPS, DIE DIR DAS EINTAUCHEN IN FREMDE KULTUREN ERLEICHTERN

#1 Informiere dich vorab

Bevor du eine Reise in ein dir unbekanntes Land antrittst, solltest du dich mit der jeweiligen Kultur des Landes beschäftigen, dich über Umgangsformen und Verhaltensregeln, über die Geschichte und Religion, die Werte der Menschen informieren. Nicht nur, um dich weiterzubilden, sondern auch, um niemanden zu beleidigen, zu verletzen oder gar gegen Gesetze zu verstoßen.

Wusstest du zum Beispiel, dass es im Oman, so wie in den meisten anderen Ländern der arabischen Welt, beleidigend ist, mit der linken Hand zu essen? Oder dass man in Südostasien niemals den Kopf eines anderen Menschen berühren darf?

#2 Probiere lokales Essen aus

Es ist einfach, nach Asien zu fliegen und sich ausschließlich von Pommes, Pizza und Co zu ernähren. Wer jedoch echte Erfahrungen machen und in fremde Kulturen eintauchen möchte, sollte das lokale Essen probieren. Schlendere über Märkte und suche nach kleinen Restaurants in Seitengassen, in denen hauptsächlich Einheimische sitzen. Achte darauf, dass es die Speisekarte nicht in mehreren Sprachen gibt und dass kein Schlepper vor der Tür steht, der Touristen anlockt.

Stell dich darauf ein, dass du dich manchmal nur mit Gesten verständigen kannst und die ein oder andere Überraschung auf deinem Teller landen wird. Genau diese Erfahrungen sind es, die das Reisen ausmachen.

#3 Nimm an einem Kochkurs teil

Wer noch ein Stückchen weiter in die Kultur eines Landes eintauchen möchte, dem kann ich einen Kochkurs ans Herz legen. Schon alleine der Marktbesuch mit einem Ortskundigen und das Einkaufen frischer Lebensmittel ist ein Erlebnis für die Sinne.

Anschließend lernst du, wie die Speisen auf traditionelle Weise zubereitet, welche Zutaten und Gewürze verwendet werden und erfährst im besten Fall noch einiges an Hintergrundwissen.

#4 Übernachte bei Einheimischen

Bei Einheimischen zu übernachten ist eine bereichernde Erfahrung, die ich schon in vielen Ländern machen durfte. Anstatt in einem anonymen Hotelkomplex zu wohnen, wirst du bei einer Gastfamilie zu Hause untergebracht. Das kann für längere Zeit sein, wenn du zum Beispiel als Au Pair im Ausland arbeitest und in eine Familie integriert wirst, es kann aber genauso gut auch nur für eine Nacht sein.

Sogenannte Homestays bieten dir die Möglichkeit, einen echten Einblick in den Alltag der Einheimischen zu bekommen. Im besten Fall kannst du gemeinsam mit deiner Gastfamilie kochen und essen, lernst vielleicht die Sprache und kannst dich austauschen.

#5 Lerne eine fremde Sprache – einen Sprachkurs vor Ort belegen

Wie wäre es zum Beispiel mit Spanisch in Barcelona, Englisch in Neuseeland, Italienisch in Rom oder einem Man-

darin-Kurs in China? Sprachschulen mit unterschiedlichen Einstiegslevels, für Anfänger bis Fortgeschrittene, gibt es auf der ganzen Welt.

Hier kommst du zwar, abgesehen von deinem Lehrer, nicht wirklich mit Einheimischen in Kontakt, aber du lernst hilfreiche Vokabeln und Floskeln, die dir schon nach wenigen Unterrichtsstunden dabei helfen, Smalltalk zu führen, einen Fremden nach dem Weg zu fragen oder die gängigsten Gerichte einer Speisekarte zu verstehen.

#6 Arbeite im Ausland

Eine wunderbare Möglichkeit hinter die Kulissen einer fremden Kultur zu blicken, ist das Arbeiten im Ausland. Hier gibt es unzählige Möglichkeiten. Eine davon ist *World Wide Opportunities on Organic Farms*, kurz *WWOOF*. Wwoofing bedeutet, dass du als freiwilliger Helfer auf einer Farm arbeitest und als Gegenleistung bei einer Gastfamilie wohnen und essen darfst. Für bis zu sechs Arbeitsstunden am Tag wirst du in das tägliche Farmleben eingebunden. Du kannst als Erntehelfer arbeiten, Kühe melken, Unkraut jäten, den Garten umgraben, Zäune knüpfen oder Tiere füttern.

Alternativ kannst du auch an einem Work & Travel-Programm teilnehmen, bei dem du für deine Arbeit ganz normal bezahlt wirst. Oder du betätigst dich freiwillig bei Hilfsprojekten wie zum Beispiel beim Säubern von Stränden, bei der Weinlese oder der Kaffeeernte.

#7 Reise langsam

Anstatt von A nach B zu hetzen und zu versuchen, ganz Australien in zweieinhalb Wochen zu sehen, solltest du dir lieber Zeit nehmen, ein Land wirklich kennenzulernen und nicht nur die bekannten Sehenswürdigkeiten abhaken. Hast du nur begrenzt Zeit zur Verfügung, gilt: lieber weniger sehen als mehr. Sei kein Ländersammler. Echte Erfahrungen, Begegnungen mit Einheimischen und anderen Reisenden, Erlebnisse und Momente, die im Gedächtnis bleiben, sammelst du nur, wenn du dich darauf einlässt und dir Zeit nimmst.

Außerdem solltest du nicht alles zu akribisch planen. Es gibt Menschen, die beruhigt es zu wissen, was auf sie zukommt. Andere stürzen sich in alles, was kommt. Für dich solltest du ein Mittelmaß finden, mit dem du dich wohlfühlst. Sei vorbereitet, aber überlasse auch mal was dem Zufall. Lass dich treiben. Such dir nicht vorher schon auf Tripadvisor dein Restaurant oder, schlimmer noch, das Gericht aus, das du essen willst. Lass Google Maps mal aus, verlauf dich ruhig!

#8 Beginne ein Gespräch mit einem Einheimischen

Um mit Einheimischen ins Gespräch zu kommen, solltest du typische Backpacker-Viertel wie die Khao San Road in Bangkok oder die Bui Vien Street in Ho Chi Minh City meiden und stattdessen die weniger hippen Gegenden abseits der Touristenpfade besuchen. Dies gilt natürlich nur für Orte, an denen es sicher ist.

Wie wäre es zum Beispiel mal damit, einen Gospel-Gottesdienst in den USA zu besuchen, an einem Volksfest in Neuseeland teilzunehmen (das ist wirklich ähnlich wie im Film »Ein Schweinchen namens Babe«) oder eine Tanzveranstaltung zu besuchen? Sprich mit dem Taxifahrer, mit der Marktfrau, bei der du dein Gemüse einkaufst, frage einen Fremden nach seinem persönlichen Lieblingscafé oder bitte jemanden, ein Foto von dir zu machen. Du wirst merken, dass Einheimische oft genauso daran interessiert sind, fremde Kulturen kennenzulernen. Gespräche kommen meistens schnell zustande. Sei mutig, gehe offen auf Menschen zu und wage den ersten Schritt!

#9 Besuche religiöse Orte

Kaum etwas prägt die Kultur eines Landes so sehr wie seine Religion. Auf Reisen solltest du deshalb Tempel und Kirchen, Synagogen und Moscheen besuchen und dich voll und ganz auf das Erlebnis einlassen. Nimm dir Zeit, die Gläubigen bei ihren Ritualen zu beobachten! In den meisten Ländern sind Touristen fremder Religionen herzlich willkommen. Manchmal darfst du sogar an Zeremonien teilnehmen oder zumindest stiller Beobachter sein.

Für mich war es faszinierend, in Sri Lanka unter dem Jaya Sri Maha Bodhi, dem großen Baum der Erleuchtung, in Anuradhapura zu sitzen und Einblicke in den Buddhismus zu erhalten. Stundenlang habe ich den Gläubigen dabei zugesehen, wie sie Lotos- und Frangipani-Blüten als Opfergaben niederlegten, Öllampen und Räucherstäbchen anzündeten und bunte Gebetsfahnen an den goldenen Zaun knoteten.

Egal ob du einen bunten Hindu-Tempel in Indien, ein buddhistisches Kloster in Thailand, eine orthodoxe Kirche in Russland oder eine Moschee im Oman besuchst, achte immer darauf, dass du Verhaltensregeln und Kleiderordnungen einhältst und Respekt zeigst.

#10 Nutze öffentliche Verkehrsmittel

Anstatt dich im Taxi durch die Gegend kutschieren zu lassen, solltest du auf öffentliche Verkehrsmittel setzen, wie es die Einheimischen tun. Das dauert zwar in den meisten Fällen länger, ist aber deutlich günstiger und macht viel mehr Spaß.

Auf Hawaii bin ich zum Beispiel, gemeinsam mit meiner Schwester, vier Stunden lang im öffentlichen Bus durch die Gegend geschrubbt, der etwa alle dreißig Meter am Straßenrand anhielt, um Einheimische aus- und einsteigen zu lassen. Es war zwar eine echte Endlostour bis zum Ziel, aber dafür sind wir durch spannende Wohngegenden gefahren, die man auf den üblichen Touri-Ausflügen eher nicht zu Gesicht bekommt. Nach einer Weile bildete sich sogar eine Menschentraube um uns, die uns interessiert ausfragte.

Auch in Sri Lanka solltest du unbedingt mit dem Zug durchs Land fahren und zwar nicht in der klimatisierten ersten Klasse unter Rucksackreisenden, sondern im Abteil der Einheimischen, wo du die Fenster hochschieben kannst, den warmen Fahrtwind spürst und von neugierigen Augenpaaren angestarrt wirst.

DAS REISEN
HAT MICH MEHR
GELEHRT, ALS DIE
SCHULE MIR JE HÄTTE
BEIBRINGEN KÖNNEN.

UNBEKANNT

DER WELT ETWAS ZURÜCKGEBEN

MIT REINER MEUTSCH

Reiner Meutsch hat seine Passion, das Reisen, zum Beruf gemacht. Nachdem er seinen Job als Geschäftsführender Gesellschafter eines großen deutschen Touristikunternehmens an den Nagel gehängt hatte, umrundete er mit einem Sportflugzeug die Welt. Dabei entstand der große Wunsch, etwas zu verändern und den Menschen etwas zurückzugeben.

Wie entstand die Idee, die Welt in einem Sportflugzeug zu umrunden?

Es war schon immer mein Traum gewesen, einmal mit einem Kleinflugzeug um die Welt zu fliegen. Mein Vater wollte als Rentner die Welt bereisen, er träumte davon, New York oder die Oper in Sydney zu sehen. Doch er starb mit 58 und ist nie gereist. Deshalb habe ich aus dem Bauch heraus entschieden, meine Träume rechtzeitig im Leben umzusetzen. Ich habe meine Unternehmensanteile verkauft, mich zum Piloten ausbilden lassen und angefangen, meine Weltumrundung zu planen. Diese Reise sollte aber nicht nur ein Privatvergnügen werden, sondern ich wollte ihr einen besonderen Sinn geben.

Was hat dich auf deiner Weltumrundung am meisten beeindruckt oder fasziniert?

Zu den eindrucksvollsten Erlebnissen gehört für mich definitiv die erste Schuleröffnung in Ruanda. Bis dahin kannte ich nur touristische Gegenden, hier standen 1.300 Kinder vor mir und waren glücklich über die Möglichkeit, diese neue Schule zu besuchen. Die strahlenden Augen werde ich nie vergessen. Und mich hat die Gastfreundschaft der Menschen weltweit beeindruckt. Wir wurden überall herzlich empfangen und die Menschen wollten das Wenige, das sie besaßen, trotzdem gerne mit uns teilen.

Was hast du unterwegs gelernt?

Demut. Es hat mich zutiefst berührt, das Schicksal der Kinder zu sehen, denen das Recht auf Bildung bisher verwehrt war. Die Gegensätze zwischen Arm und Reich sind extrem in vielen Teilen der Welt und der normale Tourist sieht sie meistens nicht so stark. Seitdem bin ich über vieles im Leben dankbar, was ich vorher als selbstverständlich angesehen habe.

Warum hast du die Stiftung Fly & Help gegründet?

Bildung ist der Schlüssel zu einem selbstbestimmten Leben. Durch die Stiftung können wir vielen Kindern auf der ganzen Welt die Möglichkeit bieten, Lesen, Schreiben und Rechnen zu lernen. Damit kann die Stiftung ihnen eine Zukunft in ihrem eigenen Land, bei ihren Eltern und Freunden, ermöglichen und sie müssen nicht den gefährlichen Weg der Flucht wählen.

Welche Hilfsprojekte hat die Stiftung bereits ins Leben gerufen?

Seit der Gründung der Stiftung in 2009 konnten wir bereits 270 Schulprojekte in Afrika, Asien, Latein- und Südamerika umsetzen. Insgesamt haben wir schon Projekte für etwa 10,9 Millionen Euro Fördervolumen umgesetzt. Davon alleine 75 Projekte für 3,4 Millionen Euro in 2018. Wir haben damit bis heute 50.000 Kindern Bildung ermöglicht.

Was treibt dich an, an deinem Traum zu arbeiten und anderen Menschen zu helfen?

Ich versuche, so viele unserer Schulen wie möglich selbst zu eröffnen. Jede dieser Schuleröffnungen mit hunderten glücklichen Kindern berührt mich emotional und zeigt mir, wie wichtig unsere Arbeit ist. Man kann mit wenigen Mitteln so viel erreichen. Eine neue Schule kostet ab 50.000 Euro und damit schenken wir so vielen Kindern eine Zukunft.
Es gibt das Zitat: »Planst du für ein Jahr, so säe Korn, planst du für ein Jahrzehnt, so pflanze Bäume, planst du für ein Leben, so bilde Menschen.« (Guan Zhong, chinesischer Politiker und Philosoph).

Was nimmst du an Erfahrungen oder Erkenntnissen aus den Hilfsprojekten für dich mit?

Ich nehme für mich mit, dass man kein Geld braucht, um glücklich zu sein. Viele Menschen, denen wir helfen, strahlen eine enorme Lebensfreude aus, obwohl sie nichts besitzen.

Was bedeutet Reisen für dich?

Reisen ist mir sehr wichtig. Ich bin schon durch das elterliche Busunternehmen mit Reisen groß geworden. Beruflich bin ich dabeigeblieben und habe den Reiseveranstalter Berge & Meer mit aufgebaut. Und jetzt ist das Reisen auch ein großer Bestandteil meiner Stiftungsarbeit. Ich bin gerne unterwegs und lerne neue Landschaften, Kulturen und Menschen kennen. In mir war schon immer die Sehnsucht nach der Ferne.

An welchem Projekt arbeitest du zurzeit oder welches ist in Planung?
Wir haben schon viele weitere Projekte für 2019 in der Planung. Eines davon ist ein Projekt, das wir durch die Erlöse unserer Gala im November 2018 finanzieren können. Wir bauen für die Omo-Kinder in Äthiopien

sechs neue Klassenräume und Toiletten. Im abgelegenen Omo-Tal im Südwesten Äthiopiens existiert der grausame »Mingi-Aberglaube«. Kinder, die zum Beispiel als Zwillinge geboren werden oder deren oberen Schneidezähne vor den unteren Zähnen kommen, sind von diesem Aberglauben betroffen und werden von den Dorfältesten getötet. Die Partnerorganisation OMO Child Ethiopia rettet die Kinder und möchte ihnen ein sicheres Zuhause und eine qualitativ hochwertige Ausbildung ermöglichen. Dafür werden ein Kinderheim und eine Schule für etwa 150 Kinder entstehen.

Weitere Infos unter
www.fly-and-help.de

EINE VORAUSSETZUNG
FÜR DEN FRIEDEN,
IST DER RESPEKT
VOR DEM ANDERSSEIN.

DALAI LAMA

ANKOMMEN

Wie *Reisen* das
Heimatgefühl verändert

Glücksliste – deine
Bucket List für
den Alltag zu Hause

Reisen bedeutet nicht zwingend
Ortswechsel – Interview mit
Anna Martina Nussbaumer

Wie uns Reisen
glücklich macht

WIE REISEN DAS HEIMATGEFÜHL VERÄNDERT

Mit hibbeligen Beinen saß ich im Flugzeug, starrte wie benommen aus dem Fenster und rutschte auf meinem Platz hin und her. Mein Bauch kribbelte. Immer wieder rieb ich meine schweißnassen Handflächen über die Oberschenkel.

Die vergangenen sieben Monate war ich in Asien unterwegs gewesen. Sieben Monate, in denen ich mich in die Freiheit verliebt hatte, jeden Tag so zu leben, wie es mir gefiel. Ich hatte mich an die Leichtigkeit des Reisens gewöhnt, unglaublich tolle Menschen kennengelernt, meine Sichtweisen verändert und meinen Horizont erweitert.

Doch so sehr ich das Reisen und den ständigen Ortswechsel liebte, so sehr freute ich mich auch auf zu Hause. Ich freute mich nicht nur auf meine Herzmenschen, die sehnsüchtig auf mich warteten, sondern auch auf mein kuschelweiches Bett, in dessen Laken sich keine Bettwanzen versteckten, auf frisch gewaschene Kleidung, die wirklich sauber und nicht nur mit Duftstoffen eingesprüht war. Ich freute mich auf die schier unendliche Joghurtauswahl im Supermarkt, auf deutsches Körnerbrot und richtig guten Kaffee zum Frühstück, auf Trinkwasser, das einfach so aus der Leitung sprudelt, auf Fahrradfahren, ohne mein Leben dabei zu riskieren und darauf, endlich wieder im kühlen Wald zu joggen.

Nach sieben Monaten in stickiger Hitze und hoher Luftfeuchtigkeit, konnte ich es kaum erwarten, endlich wieder frische Luft zu atmen und meine Lungen mit neuer Lebensenergie zu füllen. Ich freute mich auf das Grün der Laubbäume und auf den weichen Waldboden. In Gedanken lief ich bereits über die saftigen Wiesen, die gleich hinter unserem Haus beginnen, und kühlte meine Füße in dem kleinen Bach, in dem ich als Kind gespielt hatte.

Schon Wochen vor meiner Rückkehr hatte ich begonnen, in Gedanken eine Liste mit den Gerichten zu erstellen, die ich zu Hause unbedingt als Erstes essen wollte: Salat mit saftigen Tomaten und Fetakäse, Kartoffeln mit Spinat und Spiegelei, Spaghetti mit Zucchini und tonnenweise Käsebrote, denn Käse hatte ich in Asien ganz besonders vermisst.

Als das Flugzeug endlich in Frankfurt aufsetzte und ich kurze Zeit später wieder deutschen Boden unter meinen Füßen hatte, erreichte meine Vorfreude ihren absoluten Höhepunkt. Überglücklich lag ich meinen Eltern in den Armen. Zu Hause rannte ich euphorisch in mein altes Zimmer, warf mich auf das frisch bezogene Bett und schaufelte Unmengen an gutem Essen in mich hinein, das zum ersten Mal nach sieben Monaten nicht aus Reis und Curry bestand.

Meinem Höhenflug folgte eine Bruchlandung, denn so glücklich ich auch war, wieder zu Hause zu sein, so schnell holte mich die Realität in Deutschland ein. Das Wetter war grau und regnerisch, ständig nörgelten alle rum, waren unzufrieden mit ihren Jobs und kaum jemand lächelte. Ich schien einfach nicht mehr in diese Welt hineinzupassen, fühlte mich fremd und unverstanden. Die Tage verstrichen und mein Fernweh stieg ins Unermessliche.

Heute weiß ich, dass ich damals unter einer typischen Post-Reise-Depression oder dem sogenannten Eigenkulturschock litt. Keine Krankheit, sondern ein völlig normales Loch, in das beinahe jeder Langzeitreisende stürzt, der beim Versuch wieder in der Heimat anzukommen noch den warmen Sand zwischen den Zehen spürt.

Klar hatte ich auch in Asien schlechte Tage erlebt und überhaupt war die Welt dort nicht rosarot, doch in meinen Erinnerungen überwogen die Glücksmomente. Ich dachte an all die Abenteuer, die ich erlebt hatte, an die Schönheit der Landschaften und an die warmherzigen Menschen, die ich unterwegs getroffen hatte.

Obwohl ich körperlich in Deutschland war, schien sich mein Geist noch an den Traumstränden Asiens zu vergnügen. Er schlürfte Kokosnüsse, ließ sich von der Sonne aufwärmen und kühlte sich im Indischen Ozean ab.

Meine Freunde versuchten dort anzuknüpfen, wo wir vor sieben Monaten aufgehört hatten. Doch ich konnte mich nur darüber wundern, dass die Zeit zu Hause anscheinend stillgestanden hatte. Nichts hatte sich seit meinem Aufbruch verändert und doch war alles ganz anders. War ich diejenige, die sich verändert hatte?

Mittlerweile weiß ich, dass meine Freunde es mir leicht machen wollten, mich wieder in ihrer Mitte einzufinden. Damals machte es mich traurig, ja sogar wütend. Heute bin ich ihnen dankbar.

Es folgten einige Jahre, in denen ich ohne festen Wohnsitz durch die Welt tingelte, neue Menschen traf, fremde Kulturen und Länder kennenlernte, mich lebendig und frei fühlte und jeden einzelnen Moment genoss. Immer wieder packte ich meine Tasche, zog hinaus und kehrte zurück.

Unterwegs gab es oft Momente, in denen ich mich nach einem festen Zuhause sehnte. Einem Ort, an dem ich mich wohlfühlte, wo ich mein Bücherregal aufstellen konnte, wo ich nicht aus dem Rucksack lebte, wo ich ankommen, tun und lassen konnte, was ich wollte, wo ich Privatsphäre hatte, Fotos und Postkarten aufhängen, im Bett Tee trinken, Freunde einladen und wenn mir danach war, einfach die Tür schließen und alleine sein konnte.

Mit jeder Reise fiel mir das Heimkehren ein bisschen leichter, nicht zuletzt, weil ich nun wusste, was mich erwartete. Heute habe ich keine Angst mehr, in ein Loch zu fallen und mich fremd in der Heimat zu fühlen, denn jede Reise hat etwas Wunderbares, aber jede Reise hat auch ihre Zeit.

Mittlerweile gefällt mir der Gedanke, dass ich erst den ständigen Aufbruch lieben lernen musste, um irgendwann anzukommen, bei mir selbst und an einem Ort, den ich Heimat nenne. Was sich über all die Jahre verändert hat, ist mein Blickwinkel. Heute breche ich auf, weil ich das Gefühl des Abenteuers liebe, weil mich das Unbekannte reizt und ich kehre zurück, weil ich mich zu Hause geborgen fühle und weil hier meine Herzmenschen sind.

Ist es nicht auch einer der vielen Gründe, warum wir überhaupt reisen? Um am Ende wieder heimzukehren und das Vertraute aus einem neuen Blickwinkel zu sehen und vor allem wieder wertzuschätzen?

Zu Hause sollten wir versuchen, mit derselben Geisteshaltung durch das Leben zu gehen, die wir uns beim Reisen angeeignet haben: neugierig, frei und weltoffen. Statt nur auf den nächsten Urlaub, das nächste Abenteuer hinzufiebern, können wir zum Beispiel eine Glücksliste schreiben, die uns den Alltag in der Heimat versüßt.

ERST DIE FREMDE
LEHRT UNS,
WAS WIR AN DER
HEIMAT BESITZEN.

THEODOR FONTANE

Glücksliste – deine Bucket List für den Alltag zu Hause

- ☐ Lieblingsfotos der letzten Reise ausdrucken und ein Fotobuch gestalten
- ☐ Für einen Tag das Handy ausschalten und unerreichbar sein
- ☐ Barfuß über eine Wiese laufen
- ☐ Im Sommerregen durch Pfützen springen
- ☐ Mal so richtig ausschlafen und anschließend das Frühstück zelebrieren
- ☐ Sich beim Sport auspowern und den eigenen Körper spüren
- ☐ Lieblingsmusik aufdrehen und laut mitsingen
- ☐ Ein altes Reisetagebuch lesen und in Erinnerungen schwelgen
- ☐ Sich eine Massage gönnen
- ☐ Tee kochen, im Bett liegen und ein Buch lesen
- ☐ Die Wohnung ausmisten und Sachen verschenken
- ☐ Einfach dasitzen und zusehen, wie die Sonne untergeht
- ☐ Einen Kuchen backen und Freunde zum Essen einladen
- ☐ Einen handgeschriebenen Brief an einen lieben Menschen verschicken
- ☐ In einer lauen Sommernacht draußen schlafen
- ☐ Das Lieblingsgericht deiner letzten Reise zu Hause nachkochen
- ☐ Sonnencreme auftragen und sich durch den Duft an den Strand träumen
- ☐ Im Wald spazieren und die Lungen mit frischer Luft füllen
- ☐ Ein heißes Schaumbad einlassen und den Kopf ausschalten
- ☐ Sterne beobachten und sich etwas wünschen, wenn man eine Sternschnuppe sieht
- ☐ Aus einem Avocadokern eine Pflanze großziehen
- ☐ Einem anderen Menschen ein ehrliches Kompliment machen
- ☐ Eine neue Reise planen

EINE KLEINE REISE
IST GENUG, UM UNS UND
DIE WELT ZU ERNEUERN.

MARCEL PROUST

REISEN BEDEUTET NICHT ZWINGEND ORTSWECHSEL

MIT ANNA MARTINA NUSSBAUMER

Anna ist Pädagogin, Kommunikationswissenschaftlerin, Mentaltrainerin und Mentorin. Die 31-jährige ist Mutter eines 4-jährigen Buben und lebt in der Nähe von Graz. Seit drei Jahren begleitet sie Frauen auf dem Weg zu sich selbst und das nicht nur in Österreich, auch in der Wüste Sinai.

Was lehrst du beim Mentoring?

Ich sehe mich nicht als Lehrer, sondern als Wegbegleiter und Inspiration. Ich bringe andere Frauen dazu, ihren eigenen Weg zu finden, den Weg zum Frausein, in die Weiblichkeit, Klarheit und innere Freiheit. Es geht darum, das wahre Ich zum Vorschein zu bringen. Ich begleite Frauen dabei, ihre Masken abzulegen und ganz sie selbst zu sein.

Was bedeutet Reisen für dich?

Reisen ist für mich nicht zwingend mit einem Ortswechsel verbunden. Während meine Freunde damals zu Studentenzeiten ihr Geld für Urlaube und Reisen ausgaben, habe ich in Seminare und Fortbildungen investiert. Meine Leidenschaft war schon immer auf das Innere gerichtet und das hat sich bis heute nicht geändert. Ich habe noch nicht viel von der Welt gesehen. Es gibt zwar einige Länder, die ich unbedingt noch bereisen möchte, aber Reisen bedeutet für mich vorrangig Horizonterweiterung.

Welches sind die Länder, die du bereisen möchtest und warum?

Ich möchte unbedingt einmal in die Steppe der Mongolei, nach Neuseeland und nach Irland. Wenn ich hier zu Hause aus dem Fenster blicke, sehe ich nur Grenzen: Die Straße hört auf, die Wiese fängt an, die Hecke von den Nachbarn fängt an und sie hört wieder auf. Ich sehne mich stattdessen nach Weite und nach einem grenzenlosen Ausblick. In der Wüste zum Beispiel, da gibt es keine sichtbaren Grenzen, keine Zäune, keine Straßen. Es geht einfach immer weiter und das Gefühl, das dabei entsteht, ist für mich Freiheit.

Was kann man sich unter einer Wüstenreise vorstellen?

Gemeinsam mit einer kleinen Gruppe von Frauen, mit Dromedaren und erfahrenen Beduinen sind wir zehn Tage lang in der Wüste Süd-Sinais unterwegs. Es geht dabei aber nicht um einen schönen Urlaub, sondern darum, zu dir zu finden. Zu spüren, was du wirklich im Leben willst und was du nicht willst. Wir schlafen unter dem Sternenhimmel, lernen von der Wüste und lernen uns selbst kennen. Wenn du dich darauf einlässt, erfährst du Klarheit, Freiheit und Lebensfreude.

Was macht für dich den Reiz der Wüste aus?

Als ich zum ersten Mal in die Wüste reiste, war ich berührt von dieser Ursprünglichkeit. Mich fasziniert die Natürlichkeit, die Echtheit, die unberührte Landschaft. Ich spüre die wilde und unbändige Kraft der Natur. Hier komme ich an die Essenz des Lebens ran. Ich nenne es das Pure. So entstand auch der Name A.Pur.

Was können wir von der Wüste lernen?

Wenn wir still werden, dann kann uns die Wüste uns selbst offenbaren. Wenn du still wirst, kommen die Zeichen. Die Wüste lehrt dich Demut im positiven Sinn. Demut vor dem Leben und Demut vor Wasser. In der Wüste wird dir bewusst: »Mit Wasser alles, ohne Wasser nichts.« Du lernst den Umgang mit Ressourcen und das richtige Maß. Meiner Meinung nach haben wir das richtige Maß für Dinge verloren. Äußerer Überfluss und gleichzeitig spüren so viele Menschen einen inneren Mangel. In der Wüste lernst du Maß zu halten. Maß zwischen Ego und Gruppe. Fülle und Leere. Laut und Leise.
Wenn man offen ist, lehrt die Wüste essenzielle, lebenswichtige Dinge.

Wie verändert uns eine Wüstenreise?

Du lernst mutig zu sein und über deine Grenzen zu gehen. Du lernst mit dem Leben zu fließen und zu tanzen. Du wirst nicht als die Frau aus der Wüste zurückkehren, als die du gekommen bist. Du wirst stärker, klarer und freier sein als zuvor.

Weitere Infos unter www.apur.at

ES LIEGT EINE

ART MAGIE

ÜBER DEM FORTGEHEN,

UM DANN VÖLLIG

VERÄNDERT

ZURÜCKZUKEHREN.

KATE DOUGLAS WIGGIN

WIE UNS REISEN GLÜCKLICH MACHT

Mit dem allerersten Schritt, den wir aus unserer Haustür machen, um eine Reise anzutreten, lassen wir die Blase unserer Routine platzen. Wir treten hinaus in die Welt. Das Abenteuer beginnt. Alles auf Anfang. Was uns unterwegs erwartet, welche Überraschungen wir erleben, welche Hürden wir meistern, was uns auf unserem Weg begeistern, verzaubern und erstaunen wird, wie wir uns verändern und als welcher Mensch wir zurückkehren, das alles wissen wir nicht. Doch genau darin liegt der Reiz des Reisens. Da ist die Neugier, die Lust auf Veränderung, die Sehnsucht nach neuen Orten, der Wunsch, die Grenzen des eigenen Alltags zu sprengen und der Reiz des Unbekannten, der uns in die Ferne zieht.

Auf Reisen sind all unsere Sinne geschärft, fast wie bei Kindern. Die warmen Sonnenstrahlen auf der Haut, das Salz auf den Lippen, der kühle Wind, der die kleinen Härchen auf unseren Unterarmen aufstellt, der Duft von Räucherstäbchen, warmem Regen oder frisch zubereitetem Essen, die Formen der Wolken, die Farben der Pflanzen und jeder einzelne Tropfen Wein auf der Zunge. Auf Reisen nehmen wir alles intensiver wahr, denn alles ist neu, alles ist ungewohnt. Außerdem haben wir Zeit. Zeit zum Fühlen, zum Genießen, zum Leben.

Unterwegs schaffen wir es plötzlich auf wundersame Weise im Hier und Jetzt zu leben, den Moment wertzuschätzen, ohne dabei der Vergangenheit nachzutrauern oder an morgen zu denken. Reisen ist ein bisschen wie Verliebtsein. Und doch möchte ich auf keinen Fall behaupten, dass immer alles nur rosarot und funkelnd ist. Sicherlich gibt es auch Momente, die sich einfach nur scheiße anfühlen, in denen wir uns einsam und unzugehörig fühlen, die uns herausfordern und an den äußersten Rand unserer Grenzen bringen. Wir werden mit Misserfolgen und Enttäuschungen, mit Elend, Armut und Ungerechtigkeit konfrontiert – aber auch all das gehört zum Reisen dazu. Wir sehen die Schönheit der Welt, aber eben auch ihre Missstände und das ist gut so. Verschließen wir nicht die Augen davor, sondern lernen wir, damit umzugehen und im besten Fall sogar etwas daran zu ändern. Die Welt zu einem besseren Ort zu machen.

Wir selbst verändern uns auf Reisen, indem wir Geschichten aus den Gesichtern Fremder lesen, uns mit anderen Kulturen beschäftigen, den Lebenssituationen vor Ort anpassen und uns eine vorurteilsfreie Meinung bilden. Wir lernen nicht nur Toleranz, Geduld, Demut und Dankbarkeit, sondern auch die Fähigkeit, unser eigenes Leben aus einem völlig neuen Blickwinkel zu betrachten. Wir gewinnen Abstand zu unserem Alltag, sehen viele Dinge klarer, beginnen uns mit den Fragen des Lebens zu beschäftigen, finden Antworten und kommen vielleicht zu neuen Entschlüssen. Vielleicht ändern deshalb so viele von uns ihr Leben von Grund auf, wenn sie nach einer langen Reise zurückkehren. Sie kündigen ihren Job, lösen sich aus nicht funktionierenden Beziehungen oder ändern ihre generelle Sichtweise auf das Leben. Oft schafft dies Probleme aus der Welt, die vor der Reise unlösbar schienen. Ich für meinen Teil bin jedenfalls überzeugt davon, dass jeder Weg zu mehr Erkenntnis mit einer Reise beginnt.

Und solange wir mit offenem Herzen, offenen Augen, wachem Geist und Verstand reisen, endet unsere Reise nicht mit dem Aufsetzen des Flugzeuges auf der Landebahn in der Heimat, sondern es bleibt immer etwas zurück, das Spuren in unseren Herzen hinterlässt und uns nachhaltig verändert. Für jene von uns, die das Leben als eine Reise sehen, hört das Abenteuer niemals auf.

––––––––––––

Darum lass uns unsere verrücktesten Träume leben, in die Welt aufbrechen und unsere eigenen Wege gehen. Lass uns lachen, fluchen und heulen, auf die Schnauze fallen, wieder aufstehen und weitermachen. Lass uns unsere eigenen Grenzen sprengen, neugierig sein und uns selbst verlieren, um uns am Ende wiederzufinden und über uns selbst hinauszuwachsen.

Wage den ersten Schritt aus der Haustür und lass dich auf das Abenteuer ein. Du wirst schnell merken, dass du unterwegs mehr Erfahrungen sammeln wirst, als du es dir jemals erträumt hast und du wirst Geschichten erleben, die es später einmal wert sind, erzählt zu werden. Ich wünsche dir, lieber Leser, von ganzem Herzen, dass du die Chancen nutzt, die dir das Leben bietet, dass du an deine Träume glaubst und dass du losziehst. Ich wünsche dir, dass du den schönsten Ort dieser Welt in dir selbst findest und bereits auf der Reise dorthin glücklich bist.

Das Leben ist eine Reise und die Welt ruft deinen Namen.

Antworte!

ZU REISEN

IST ZU LEBEN.

HANS CHRISTIAN ANDERSEN

DER ZUG DES LEBENS

Das Leben ist wie eine Zugfahrt
mit all den Haltestellen, Umwegen und Unglücken.
Wir steigen ein, treffen unsere Eltern und denken,
dass sie immer mit uns reisen.
Aber an irgendeiner Haltestelle werden sie aussteigen
und wir müssen unsere Reise ohne sie fortsetzen.
Doch es werden viele Passagiere in den Zug steigen,
unsere Geschwister, Cousins, Freunde,
sogar die Liebe unseres Lebens.
Viele werden aussteigen und eine große Leere hinterlassen.
Bei anderen werden wir gar nicht merken, dass sie ausgestiegen sind.
Es ist eine Reise voller Freuden, Leid, Begrüßungen und Abschied.
Der Erfolg besteht darin:
Zu jedem eine gute Beziehung zu haben.
Das große Rätsel ist:
Wir wissen nie an welcher Haltestelle wir aussteigen müssen.
Deshalb müssen wir leben, lieben, verzeihen und
immer das Beste geben.
Denn wenn der Moment gekommen ist,
in dem wir aussteigen müssen
und unser Platz leer wird, sollen nur schöne Gedanken an uns bleiben
und für immer im Zug des Lebens weiterreisen.
Ich wünsche dir, dass deine Reise jeden Tag schöner wird,
du immer Liebe, Gesundheit und Erfolg im Gepäck hast.
Vielen Dank an euch Passagiere im Zug meines Lebens!

REISEN IST DIE
SEHNSUCHT
NACH DEM LEBEN.

KURT TUCHOLSKY

EPILOG

Vier Jahre bist du nun schon tot und es vergeht kein Tag, an dem ich nicht an dich denke. Du hattest dein Leben noch vor dir. Deine Träume und Ziele waren groß. Nun hast du nicht mehr die Chance, sie zu verwirklichen.

Durch deinen plötzlichen Tod wurde mir bewusst, wie verdammt kurz das Leben ist und wie schnell alles vorbei sein kann. Seitdem du weg bist, versuche ich noch bewusster zu leben.

Du erinnerst mich täglich daran, wie wichtig es ist, seine Träume zu verwirklichen, anstatt sie aufzuschieben, mit sich selbst im Reinen zu sein und sich an den kleinen Dingen des Lebens zu erfreuen.

Egal wann man das Leben auf dieser Erde verlässt, es kommt darauf an, wie man es gestaltet, denn das ist jedem selbst überlassen. Du hattest große Träume, wolltest nach Indien reisen, eine zweite Ausbildung anfangen, einen Job finden, der dich erfüllt.

Ich frage mich, ob du dein Leben anders gestaltet hättest, hättest du gewusst, dass du mit 25 stirbst? Hättest du weniger gearbeitet, mehr gelebt, dir weniger Sorgen gemacht? Hättest du weniger über deine Zukunft nachgedacht und mehr für den Moment gelebt? Hättest du Regeln gebrochen?

Oder hättest du vielleicht alles genauso gemacht?

DANKSAGUNG

Ich bedanke mich von ganzem Herzen bei …

meiner Mama – Danke für die Liebe und Geborgenheit, die du mir schenkst, für dein Vertrauen, deine Unterstützung und dafür, dass du mir die Freiheit lässt, meinen eigenen Lebensweg zu gehen. Danke, dass du mir immer wieder zeigst, was im Leben wirklich zählt.

meinem Papa – Danke für all die Abenteuergeschichten, die mich zum Aufbrechen motiviert haben, für die Unterstützung und dafür, dass du immer an mich glaubst.

meiner Schwester Melina – Danke für den schönsten Sommer meines Lebens im Hippie-Van in Australien, für die vielen Momente, in denen wir herzhaft gelacht haben und dafür, dass ich mich für dich niemals verstellen muss. Unser letztes gemeinsames Abenteuer ist schon viel zu lange her!

meinem Freund Paddy – Danke dafür, dass du mich auffängst, mir zuhörst, mir blind vertraust, mir den Rücken stärkst und zu mir hältst. Ohne dich wäre ich von vielen meiner Ziele noch meilenweit entfernt. Danke, dass du mich immer wieder ziehen und meine Wanderlust stillen lässt, auch wenn das bedeutet, dass ich dich oft alleine lasse. Danke, dass du gemeinsam mit mir an unseren großen Traum glaubst und mir zeigst, was Liebe bedeutet.

meiner Freundin Jana – Danke dafür, dass du immer ein offenes Ohr für mich hast, für die vielen, zum Teil waghalsigen Abenteuer und Fotoshootings, die gemeinsamen Projekte und Reisen. Es ist schön, eine Freundin und Businesspartnerin an seiner Seite zu haben, bei der nicht der eigene Vorteil, sondern das gemeinsame Vorankommen im Vordergrund steht. Wir sind ein tolles Team!

meiner Freundin Maike – Danke für die lustigen Brainstorming-Sessions, fürs Zuhören, für die kreativen Ideen, fürs Korrekturlesen meiner Texte und für die schönen gemeinsamen Momente auf Reisen.

allen Wegbegleitern, die ich unterwegs kennenlernen durfte – Danke für die vielen Gespräche, die Hilfsbereitschaft und die gemeinsame Zeit.

meinen Lesern – Danke für euren großartigen Support in den letzten Jahren! Durch euch kann ich mich kreativ verwirklichen und meine größte Leidenschaft, die Welt durch Schreiben, Fotografieren und Reisen greifbar zu machen, hauptberuflich ausführen. Ich weiß so sehr zu schätzen, dass ich so leben und arbeiten kann. Ohne euch gäbe es weder dieses Buch noch globusliebe.com.